일리아드

The Iliad

호머

세계의 교양을 읽는다

고전을 왜 읽는가?

인간의 삶과 세상에 대한 영원한 물음이 있기 때문이다. 시대와 사상을 뛰어넘어 지금 여기 우리에게 필요한 물음이 없는 고전은 더이상 고전이 아니다. 인간과 삶에 대한 근원적인 물음 없이 고전을 읽는다면 자신과 인간에 대한 성찰과 지혜로 이어지지 않는다. 논술 시험 때문에, 과제물 때문에, 아니면 남들이 읽으니까, 나도 읽는다는 식이라면 그 책은 죽은 책일 수밖에 없다.

고전을 살아 있는 책으로 만드는 이 '물음!'에 답하기 위해서는 좋은 길잡이가 필요하다. 40년 이상 미국의 고교생과 대학 주니어들이 시험, 에세이 작성, 심층토론 준비를 위해 바이블처럼 애용해온 'CliffsNotes'와 'SPARKNOTES'는 바로 그런 좋은 길잡이의 표본이다. 이 두 시리즈가 원조 논술연구모임인 '일이관지(一以貫之)' 팀의 촌철살인적 해설을 곁들여 〈다락원 명작노트〉로 재탄생해 논술로 고민중인 대한민국 학생 여러분을 찾아간다.

CliffsNotes와 SPARKNOTES의 가장 큰 장점은 방대하고 난해한 고전을 Chapter별로 요약하고 분석해서 원전의 내용에 보다 쉽고 체계적으로 접근하는 신속·간편성이라고 할 수 있다. 여기에 '一以貫之'팀이 원전의 중요한 문제의식, 즉 근원적 '물음'은 무엇이며, 그 '물음'은 오늘날에도 여전히 유효한가, 라는 질문을 다시 던진다.

대입논술로 고민하고, 자칭 타칭의 고전이 넘쳐나는 오늘의 독서풍토에서 지적 정복이 긴박한 대한민국 학생들에게 감히 이 시리즈를 자신있게 권한다.

一以貫之 논술연구모임 연구실장 이호곤

차 례

CliffsNotes와 SPARKNOTES는 방대한 원작을 보다 쉽게 이해할 수 있도록 돕는 안내서입니다. 원작 이해를 돕기 위해 작가와 작품에 대한 배경지식, 그리고 매 장마다 간단한 '줄거리'와 '풀어보기'가 실려 있습니다. '줄거리'를 통해서는 원작의 내용을 명쾌하게 파악함으로써 독서의 즐거움을 느낄 수 있을 것입니다. '풀어보기'에는 원작에 담긴 문학적 경향, 등장인물의 심리상태, 시대상, 주제 등을 설명해 놓았습니다. 비판적 글읽기의 바탕이 되는 요소들이죠. 비판적 글읽기는 소설과 비소설 작품을 막론하고 책을 읽을 때 꼭 필요한 자질입니다.

그 밖에도 작품을 좀더 심오하게 분석할 수 있도록 '마무리 노트', 'Review' 등을 마련해 놓아 독자 여러분의 글읽기를 돕고 있습니다.

CliffsNotes에는 특히 관심을 갖고 읽어야 할 필수요소를 강조하기 위해 다음 네 가지 아이콘을 사용하고 있습니다.

작품 속에 내재된 주제를 드러내줍니다.

등장인물의 속내를 알 수 있도록 도와줍니다.

배경, 분위기, 열정, 폭력, 풍자, 상징, 비극, 암시, 불가사의 등의 요소를 밝혀줍니다.

단어와 문구의 미묘한 느낌을 감상할 수 있도록 해줍니다.

*〈　〉는 장편소설, 중편소설, 논픽션, 시집. "　"는 수필집, 단편소설

◉ 일이관지(一以貫之) 논술 노트

권말에는 一以貫之 논술팀에서 작성한 논술 노트가 실려 있습니다. 원작을 우리의 삶과 연계시켜 비판적 사고와 논리적 글쓰기의 방향을 제시합니다.

◉ 실전 연습문제

실전 연습문제를 통해서는 원작을 바탕으로 출제 가능성이 높은 논점을 함께 숙고해 봅니다.

작가의 생애

작가의 생애

호머(호메로스)에 관해서는 알려진 바가 거의 없다. 그저 그가 쓴 작품에 사용된 언어나 문체를 통해 기원전 8, 9세기 사람이었다고 추측할 뿐인데, 이나마 확실한 사실은 아니다. 고대에 이미 7개의 도시국가들이 호머가 자기네 나라 출신이라고 주장했지만, 이 역시 확인된 바가 없다. 그러나 호머는 소아시아* 서해안에 있는 키오스 섬 출신이라는 설이 꽤 유력하다. 옛날 그곳에 호머라는 가문이 살았고, 호머를 조상이라고 주장하면서 그의 작품을 열심히 암송했다고 전해지기 때문이다. 이것이 사실이든 아니든, 호머는 그리스 동부나 소아시아의 모처에서 태어나고 살았을 가능성이 매우 높다. 왜냐하면 그가 쓴 언어가 아시아계 그리스어였기 때문이다.

속설에 의하면 호머가 장님이었다고 하지만 믿을 만한 근거는 없다. 그의 작품 〈오디세이 *Odyssey*〉에 눈먼 음유시인이 트로이의 멸망을 읊는 대목이 나오는데, 이게 그 속설의 근거다. 그러나 이 인물을 호머가 자신을 묘사한 것이라고 믿는 것은 터무니없는 비약이다. 호머의 양대 서사시 어디를 보아도 그의 자서전에 해당하는 대목을 찾아보기 힘들 뿐만 아니라, 그가 살았다고 추정되는 시대의 어떤 문헌에도 호머란 시인에

---

* **소아시아:** 지금의 터키. 역자 주.

관한 설명이 없다.

고대 그리스인들은 처음에는 호머라는 작가가 〈일리아드 Iliad〉와 〈오디세이〉 두 작품과 〈호머 송가 Homeric Hymns〉라는 소품집을 썼다고 주장했다. 그러나 기원전 3세기에 들어서자 비로소 이른바 '호머 수수께끼'라는 의문이 제기되었다. 당시의 문법학자 여러 명이 〈일리아드〉와 〈오디세이〉가 각각 다른 작가의 작품이라는 주장을 내놓은 것이다. 그 이후부터 유럽 학계에는 이 견해를 지지하는 학자들이 줄을 이었다. 심지어 19세기에 이르러서는 호머가 실재 인물이 아니며, 두 서사시는 무명 음유시인들의 작품을 집대성하고 거기에다 호머라는 이름을 붙인 것이라고 주장하는 학자들까지 나왔다. 이들은, 두 서사시가 암송될 때마다 수정되고 덧붙여지다가 기원전 6세기에 아테네에서 처음으로 문자로 기록되면서 비로소 오늘날의 모습이 되었다고 생각한다.

호머가 실존 인물이냐의 여부를 어떻게 생각하든, 〈일리아드〉의 창작과 관련해 확실한 사실이 전혀 없는 것은 아니다. 애당초 이 작품은 관객을 상대로 낭송하거나 노래할 구송시(口誦詩)로 지어진 작품임이 틀림없다. 구 유고슬라비아 지방에 현존하는 음유시인들을 대상으로 연구한 결과, 이런 부류의 장대한 서사시들은 구비전승(口碑傳承) 부분과 즉흥창작 부분이 합쳐진 것임이 밝혀졌고, 〈일리아드〉가 바로 그 예에 속한다. 〈일리아드〉에는 인물의 별명 묘사, 새벽 따위의 자연풍경 묘사, 전쟁준비와 전투장면 묘사 등에서 구비전승에 해당하는 부분들이 나타난다. 〈오디세이〉에서 아가멤논의 연설은 오디세우스에 의해 반복되는데, 이 역시 구비전승의 한 예다. 〈일리아드〉제2권에 나오는 함대의 목록에 관한 사설(辭說)―후에 추가된 것으로 보이기는 하지만―도 구비전승의 한 대목이다.

일반적으로 오늘날의 학자들은 문체와 작가의 견지가 대체로 일치한다는 점을 들어 〈일리아드〉와 〈오디세이〉를 단일 작가의 작품이라고 믿는다. 하지만 〈일리아드〉와 〈오디세이〉를 호머 한 사람의 독창적인 작품이라고 보는 것은 버질(베르길리우스)이 〈아이네이드 Aeneid〉를 혼자서 썼다고 보는 것만큼이나 의심스런 일이다. 두 작품에서 드러나는 여러 가지 내용적 불일치와 모순은 작품의 각 부분이 그리스 역사의 각기 다른 시기에 지어졌음을 암시한다. 그러나 구조적 복잡성이나 주제의 통일성, 그리고 이 작품들이 사용한 3음절 육각운*으로 이루어진 운율 구조를 보아서는 한 작가의 작품일 것이라는 상상도 가능하다. 8세기 초 영국의 위대한 서사시 〈베어울프 Beowulf〉처럼 〈일리아드〉와 〈오디세이〉도 오랜 기간 구비문학으로 전해지다가 마침내 언제인가 한 천재적인 시인

---

* **3음절 육각운**(三音節 六脚韻)：호머 시대 서사시에 쓰인 운율. 옛날의 시는 읽기보다는 외우기 쉽고 노래하기 좋도록 마치 악보처럼 장단단 3음절짜리 마디 6개가 시의 한 행을 이루는 운율로 되어 있다. 역자 주.

에 의해 문자로 기록되기에 이른 것일 수도 있다. 그때 이 시인은 어느 부분은 창작했을 것이고, 어느 부분은 옛 음유시인들의 구전작품을 빌려다 기록했을 것이다. 따라서 이것이 기록문학으로 출판되자 당시 사람들은 두 작품을 동일 작가의 작품이라고 믿었을 것이고, 뒤이은 학자들이 이 견해를 답습하면서 두 작품 간의 문체상 차이는 집필 시기나 작품의 주제가 다르기 때문에 발생했다고 생각했을 것이다. 오늘날의 학자들은 저자의 정체 규명에 다분히 소극적이다. 그들은 적극적으로 호머의 실재를 증명해 보려고 노력하지 않고, 이를 부인하려는 자에게 입증책임을 떠넘기고 있다. 그렇지만 아직까지는 뚜렷한 근거를 제시한 호머부인론이 없다.

이처럼 존재 자체가 불분명한 가운데서도, 호머는 두 작품으로 영원한 칭송을 받고 있다. 오랜 세월 〈일리아드〉와 〈오디세이〉는 언어와 시대를 초월해 세상의 모든 시인이 자신을 측정하는 척도가 되고 있다. 호머는 인간 본성의 모든 측면을 가장 잘 이해한 시인으로 칭송받는다. 그 이유는 그가 인간 세상을 누구보다도 날카롭게 관찰하고, 온건함과 선량함을 바탕으로 작품을 썼으며, 문자라는 매개체를 탁월하게 다루었기 때문이다.

작품 노트

작품의 개요

호머 시대에는 오늘날의 그리스 지역 일대를 아카이아[*] 라고 불렀다. 그래서 〈일리아드〉에서는 그리스인을 아카이아 인이라고 한다. 하지만 이 책에서는 현대식으로 그냥 그리스 인이라고 부르기로 한다. 그 옛날 그리스는 통일국가가 아니었다. 발칸 반도의 돌출부, 오늘날 그리스 일대는 기원전 1400 년부터 800년까지는 물론, 알렉산더 대왕이 통일을 이룬 기원 전 약 200년경까지도 인종적으로는 친척이지만 정치적으로는 서로 충돌하는 여러 개의 소왕국들로 이루어져 있었다. 학자 들은 〈일리아드〉의 집필시기를 일반적으로 기원전 800년경으로 잡는다.

발칸 반도 일대는 기원전 1500년경 미케네인 또는 헬 레네인이라고 부르는 집단이 장악했다. 그 무렵 이 일대에는 유력한 한 가구를 중심으로 그 둘레에 여러 가구가 모여 사는 소규모 농경사회 공동체들이 곳곳에 형성되었다. 〈일리아드〉 에 보면 그 당시는 전쟁영웅이 그 공동체의 우두머리요 왕이 었다. 전설을 봐도 그렇고 몇몇 고고학적 증거도 그러한데, 이 런 공동체들 가운데 아가멤논이 다스리는 미케네라는 소왕국 이 가장 강력했다. 이들 지배자들을 바실레이스(basileis)라고

---

[*] **아카이아**: 그리스어로 Achaia, 라틴어로 Achaea.

불렀는데, 그들은 왕이자 장군이며 재판관이기도 했다. 그리고 왕국마다 아리스토이(aristoi)란 귀족 가문이 있었고, 이들은 불레(boule)라고 불리는 회의체를 통해 바실레이스들을 보좌했다. 군인들은 라오스(laos)라고 불렸는데, 그들도 자기들과 관련된 정책을 결정할 때면 아고라라는 광장에 나가 투표를 통해 나름대로의 목소리를 낼 수 있었다.

〈일리아드〉의 그리스인 등장인물들은 모두 위의 어느 하나에 속한다. 아가멤논은 바실레이스이고, 그 밖의 지도자들은 아리스토이로 처신한다. 일반 병사들, 즉 라오스는 제2권에 나오는 테르시테스가 전형적인 예인데, 그는 불레, 즉 군인총회에서 연설을 한다.

원래 미케네인들은 해적무리였다. 몇몇 소왕국 출신자들로 조직된 이들 해적 선단은 노략질을 통해 미케네의 국력을 신장시켰다. 약탈 목표물은 상품과 원료, 그리고 노예였다. 노예는 항상 여자뿐이었다. 왜냐하면 미케네인들은 적을 정복하면 남자들은 모조리 죽여 없애고 여자와 아이들만 전리품으로 데리고 오는 게 관례였기 때문이다.

미케네인들은 의회를 통해 정치적 결정을 내리곤 했는데, 의회는 보통 그 나라의 유력자들로 구성되었다. 그리고 전쟁 같은 광범위하고 중대한 안건이 있을 때는 이웃 소왕국의 지도자들까지 초청한 모임을 열어 토론을 벌였다.

그리스 지역에서 미케네인들이 득세하고 있을 무렵, 소

아시아의 북서해안에는 트로이라는 나라가 발전하고 있었다. 고고학자들은 트로이 유적이 기원전 3000년까지 거슬러 올라간다고 본다. 기원전 1500년경 트로이는 전성기를 누렸는데, 요새처럼 굳건한 성벽, 군마, 그리고 철 따위의 자원으로 유명했다. 트로이인들은 그리스의 미케네인들과 인종적으로 인척간이었고, 아마도 서로 교역을 하며 지냈던 것 같다.

고고학자 하인리히 슐리이만은 〈일리아드〉를 비롯한 그리스어 문헌에 나타난 정보를 바탕으로 오늘날 터키의 히살리크 지역*을 발굴했는데, 현대인들은 이것을 트로이 유적이라고 믿는다. 슐리이만을 비롯한 발굴자들은 그리스 본토로 와서 미케네인들의 유적과 트로이의 유적지 위에 건설되었던 여러 도시국가 유적들을 발굴했다. 전에 있던 도시의 폐허 위에 새로운 도시가 번번이 다시 건설되었던 것이다. 슐리이만에 의해 '트로이아 7A'라고 명명된 도시유적은 화재로 멸망했음이 밝혀졌는데, 화재는 그리스인 침략자들의 상투적인 정복방법이었다. 7A에서는 또한 포위 공격을 당했던 흔적도 발견되었다. 갑작스럽게 처참하게 살해된 시체들이 나온 것이다.

미케네와 트로이의 발굴 결과들은 〈일리아드〉의 낭만적인 이야기가 역사적 사실을 바탕으로 지어진 것이라는 쪽으로 생각이 기울도록 한다. 기원전 1200년 어느 때쯤 미케네

---

* **히살리크 지역**(Hisarlik) : 북서부 해안에 있으며, 다다넬스 해협에 가까움.

원정대가 트로이의 성벽을 공격했다. 이렇게까지 양국간의 우호관계가 깨진 것은 트로이인이 그리스인의 아내를 훔쳐간 데서 비롯됐다고 〈일리아드〉는 말하지만, 사실은 전리품과 노예를 노린 그저 흔한 침공이었을 가능성이 더 크다. 트로이는 좀처럼 함락되지 않았지만 결국은 정복당해 파괴되고 그리스인들은 전리품을 얻어갔다.

이는 물론 가상의 시나리오지만, 고고학적 발굴 결과나 〈일리아드〉의 큰 줄거리와 잘 들어맞는다. 이 기본 뼈대 이상의 이야기들은 전부 픽션일 것이다. 〈일리아드〉에 등장하는 영웅들이 진짜 미케네나 트로이의 장수들이었을까? 그리스인 장수 가운데 전투를 거부한 자가 정말 있었을까? 그리스군이 정말로 위장 목마를 이용해서 트로이 성을 공략했을까? 아무도 이 질문에 정답을 말해 주지 못한다. 이것들은 〈일리아드〉에만 나오는 이야기들이다. 기껏해야 〈일리아드〉의 일부 내용이 역사적 사실에 기초했을 가능성이 있다는 정도이지 그 이상은 전혀 아니다. 하지만 미케네 원정대가 소아시아의 트로이를 집어삼켰다는 사실을 뒤엎는 그 어떤 역사학적·고고학적 기록 또한 없다.

〈일리아드〉는 트로이 전쟁의 극히 일부로서, 전쟁이 일어난 지 10년째 되던 해의 겨우 몇 달 동안만을 다룬다. 하지만 〈일리아드〉의 구송공연(口誦公演)을 관람하는 옛날 그리스 청중은 지난 9년간의 일을 잘 알고 있었을 것이다. 그리고

〈일리아드〉 서사시를 진행하면서 호머는 과거의 여러 사건들을 회상시켜 얼마쯤은 9년간의 공백을 보충해 준다.

〈일리아드〉 이야기의 실질적 발단은 트로이가 벌인 거대한 성벽 축조공사였다. 트로이인들은 이 대역사에 바다의 신 포세이돈의 도움을 청한다. 그런데 그들은 성벽이 완공된 후 포세이돈이 보상을 요구하자 딴청을 부린다. 그 결과 트로이는 신의 보호를 잃게 되고 포세이돈은 트로이의 적이 된다.

트로이 전쟁 당시 트로이의 왕은 프리암이었고, 그는 헤쿠바와 결혼했다. 전설에 의하면 이들 부부에게는 49명의 자녀가 있었는데, 그 중에는 투사 헥토르, 예언녀 카산드라, 젊은 연인 파리스(알렉산드로스라고도 함) 등이 포함된다. 데이포부스도 프리암 부부의 자녀 가운데 하나였다.

헤쿠바는 파리스를 임신했을 때, 파리스 때문에 트로이가 망하는 태몽을 꾸었다. 신탁이나 예언을 들어봐도 한결같이 아들이 트로이를 망하게 한다는 괘가 나왔다. 나라의 안보를 염려한 헤쿠바는 결국 갓난 아들을 이다 산*에 내다버려 죽게 하는 데 동의한다. 하지만 그 산의 양치기들이 파리스를 구출해 키운다. 파리스는 자신의 고귀한 신분을 전혀 모른 채 양치기로 성장한다.

---

* **이다 산**(Mount Ida) : 이데 산이라고도 함. 터키 북서부에 있으며, 해발 1,767m.

이야기의 시작: 파리스의 재판

〈일리아드〉에 따르면, 이 무렵 바다 건너 그리스 쪽에서는 인간 펠레우스와 여신 테티스의 결혼식이 시작된다. 훗날 이들 사이에서 아킬레스가 태어난다. 그런데 불화의 여신 에리스가 이 결혼식장에다 "최고 미인에게"라는 메모가 붙은 황금사과를 던진다. 헤라, 아테나, 아프로디테 세 여신이 서로 자기 것이라며 다투지만 제우스를 포함한 어느 신도 이 싸움에 끼어들기를 꺼린다.

이다 산에서 열린 오랜 논쟁 끝에 가난하지만 왕족 출신인 목동 파리스가 세 여신 사이의 분쟁을 판결할 재판관으로 지명되자 세 여신은 그에게 뇌물공세를 퍼붓는다. 헤라는 아시아 전체의 지배자가 되게 해주겠다고 제안한다. 아테나는 전쟁에서의 승리와 탁월한 지혜를 주겠다고 한다. 그러나 남자의 속성을 잘 아는 아프로디테는 세계 최고의 미인을 주겠다며, 그 미인은 바로 스파르타의 왕 메넬라오스의 아내 헬렌이라고 귀띔한다. 귀가 번쩍 뜨인 파리스는 아프로디테를 황금사과의 주인이라고 선언한다.

펠레우스와 테티스의 결혼식장에 에리스가 사과를 보내면서 시작된 다툼은 〈일리아드〉 전편을 통해 하나의 사상을 소개한다. 이 분쟁은 은유적으로 여신으로 체화되어 이 서사시에서 일어나는 주요 사건들의 동기가 되고 있다. 전쟁을

일으키는 것이다. 한 노예소녀를 두고 아가멤논과 다툰 아킬
레스는 전투에서 철수한다. 여러 집단이나 개인 사이의 다툼
은 이 시의 동력이다. 결국, 다툼이 해결됨으로써 이 서사시도
끝을 맺는다. 〈일리아드〉에서 에리스가 직접 언급되는 대목은
드물지만, 작품 어디에서나 그 여신의 존재를 느낄 수 있다.

파리스는 먼저 트로이 왕 프리암의 아들이라는 정통성
을 되찾은 다음, 헬렌을 얻기 위해 메넬라오스의 궁정으로 떠
난다. 그는 열흘 동안 메넬라오스와 헬렌으로부터 왕족 대우
를 받으며 머문다. 열흘이 지나자 메넬라오스는 크레테 섬에
가야 할 일이 생긴다. 파리스는 그가 없는 틈을 타서 헬렌을
납치해 트로이로 데려온다. 여기서 헬렌을 두고, 파리스의 공
범자라는 설과 납치에 저항했던 희생자라는 설이 대립한다.
〈일리아드〉에서는 헬렌이 스스로를 나쁜 여자 또는 창부라고
지칭하고 있으니, 호머는 헬렌을 납치극의 공범으로 본 것이
분명하다.

헬렌의 피랍 소식이 크레테에 가 있던 메넬라오스에게
전해진다. 그는 즉시 친형인 미케네 왕국의 아가멤논 왕을 찾
아간다. 우선 헬렌의 송환을 위한 외교적 노력을 기울였던 형
제는 그 시도가 실패하자 인근 소왕국들에 협조를 요청한다.
오랜 친구 사이인 필로스의 왕 네스토르가 메넬라오스를 수행
해 소왕국들을 순회 방문한다. 그 결과 메넬라오스와 네스토
르가 결성한 그리스 연합군은 그리스인들, 즉 미케네인들 간

의 호혜주의를 증명한다. 그들은 서로가 품앗이를 기대하며 즉시 행동에 나선다. 어떤 이의 설명에 따르면, 그리스의 왕들은 모두가 이미 과거에 헬렌에게 구애한 적이 있기 때문에 메넬라오스에게 빚을 진 기분이었다고 한다. 그러나 그보다는, 원정에 참여해 트로이와 그 부근 도시국가들을 정복함으로써 얻는 전리품을 한몫 차지하려는 속셈이 컸을 것이다. 실제로 아가멤논과 아킬레스는 후에 전리품 분배가 불공평하다며 분쟁을 일으킨다.

대부분의 그리스 연합군 지도자들은 트로이를 공격하려고 안달한다. 그러나 오디세우스와 아킬레스 두 사람은 참전할 경우 불운이 온다는 신탁이 있어 내켜하지 않는다. 오디세우스는 전쟁 후 귀국길이 무려 20년이 걸릴 것이라는 경고를 받고 미치광이 행세를 하지만, 곧 들통이 나서 어쩔 수 없이 연합군에 참여한다. 그리스인들은 세계 제일의 전사 아킬레스의 도움 없이는 트로이 정복이 불가능하다는 사실을 잘 알고 있었다. 실제로 아킬레스는 그의 어머니가 그를 낳자마자 스틱스 강물에 담갔다 꺼냈기 때문에 다치려 해도 다칠 수가 없는 무적의 용사다. 다만, 손가락으로 아기의 발뒤꿈치를 잡고 강물에 담갔기 때문에 그 부분만은 약점이었다. (훗날 파리스는 이 약점을 알아내고 아킬레스의 발뒤꿈치에 독화살을 쏜다. '유일한 치명적 약점'이란 뜻으로 '아킬레스건'라는 숙어가 생기게 된 유래이기도 하다.) 아킬레스는 전쟁에 나가면 위대한 승리의 영광을 얻을 테지만 전사한다는 경고성 신탁을 듣는다. 그래서 그의 어머니가 여자로 변장시키지만 영리한 오디세우스는 이 속임수를 알아채고 아킬레스를 전쟁에 동참시키는 데 성공한다.

몇 달 후, 그리스 연합군은 에우보에아*의 아울리스**에 집결한다. 어떤 설명에 따르면, 그들은 집결 즉시 진군해 트로이의 동맹국인 테우트라니아***를 공격하지만 패배하여 퇴각하고 병사들은 대부분 사방으로 흩어졌다고 한다. 그리고 마침 이 시기에 칼카스라는 예언자가 트로이의 성벽을 허무는 데는 10년 세월이 걸릴 것이란 예언을 한다. 그리스인들―그들은 자신들을 아카이아인이라 불렀다―은 그 후 약 8년 동안은 이렇다 할 대규모 공격을 하지 않았다. 그들은, 사람들이 〈일리아드〉의 첫머리를 읽고 상상하는 것처럼, 트로이의 성 밑에서 9년을 보낸 것이 아니다. 어떤 학자들은 이 첫 원정 이야기를 흔히 있었던 별개의 전쟁으로 생각하지만, 대부분의 학자들은 첫 침공과 두 번째 침공 사이의 시간적 간격이 크더라도 이 둘을 하나의 전쟁으로 묶어서 생각한다.

---

*   **에우보에아**(Euboea)：에게 해에 면해 있는 그리스 제2의 큰 섬.

** **아울리스**(Aulis)：에우보에아를 마주보는 본토의 항구.

*****테우트라니아**(Teuthrania)：트로이 남쪽 터키 중부 서해안 일대. 카이쿠스 강 유역을 중심으로 한 도시국가. 트로이의 동맹국. 〈일리아드〉에서 말하는 트로이 전쟁은 일리움(트로이)을 상대로 트로이에서 벌어진 전쟁이지만 10년에 걸친 역사상의 진짜 트로이 전쟁은 이곳에서 시작되었다. 역자 주.

그리스 연합군은 아울리스에 두 번째(실은 첫 번째일 수도 있다.) 집결했지만 해변에 강풍이 불어 발이 묶였다. 이에 대해 예언자 칼카스는 아가멤논이 사냥의 여신 아르테미스가 성스럽게 여기는 사슴을 죽여 노여움을 샀기 때문이라고 보고하면서, 출정하려면 아가멤논이 딸 이피게네이아를 아르테미스 여신에게 바쳐야 한다는 처방을 내놓았다. 아가멤논은 이피게네이아에게 아킬레스와 결혼하게 되었다고 속여 결혼식장에 도착한 딸이 저주의 외침을 내뱉을 사이도 없이 목졸라 죽이고는 아르테미스에게 제물로 바쳤다. 그러자 풍향이 변하고, 그리스군은 트로이를 향해 함대를 출항시킬 수 있었다.

트로이 부근 해안에 상륙한 그리스군은 흙과 돌과 나무로 함대를 보호하는 방벽을 세운다. 이 방벽은 제12권과 제13권에서 트로이군의 공격 목표가 된다. 방벽 축조가 끝난 다음 그리스군 일부는 트로이 성을 포위하고, 다른 일부는 인근 도시국가들을 침공한다. 즉, 아킬레스는 남쪽 도시들을, 아이아스 텔라모니오스는 테우트라니아를 노략질한다.

1년 후, 전쟁이 시작된 지 10년째 되는 해, 그리스군은 칼카스의 예언을 믿고 트로이 성 부근에 집결해 최후 공세를 준비한다. 여기서 아가멤논과 아킬레스 간의 다툼으로 〈일리아드〉는 시작되고, 그 후 며칠간에 걸쳐 일어난 사건들을 하나하나 상세하게 묘사한 다음, 트로이 전사 헥토르의 죽음과 장례식 이야기로 막을 내린다.

〈일리아드〉 후일담: 트로이의 멸망

　　결국 트로이는 멸망하지만, 이 사건은 〈일리아드〉 서사시가 끝난 이후에 일어났다. 헥토르의 장례를 치른 트로이는 동맹국들의 응원을 받아 저항을 계속하고, 이로 인해 그리스군은 많은 장군들을 잃는다. 한 전투에서 아킬레스는 파리스와 맞닥뜨리게 되는데, 여기서 파리스가 아킬레스에게 화살을 쏜다. 이 화살은 아폴로 신의 유도로 아킬레스의 유일한 약점인 오른쪽 발뒤꿈치에 명중한다. 아이아스와 오디세우스는 천신만고 끝에 아킬레스의 시신을 수습해 오지만 아킬레스의 갑옷을 놓고 또 다툼이 벌어진다. 결국 그 갑옷이 오디세우스의 차지가 되자, 격분한 아이아스는 그리스군 지도자들을 죽이겠다고 위협한다. 그러나 이것이 명예롭지 못한 짓임을 깨달은 아이아스는 자살하고 만다.

　　가장 위대하고 용맹스런 두 장수 아킬레스와 아이아스를 잃은 그리스군은 앞날이 몹시 걱정스러워졌다. 그리하여 여러 예언자와 현자들에게 자문한 결과, 헤라클레스의 활과 화살을 찾아오라는 점괘가 나왔는데, 그것은 심한 상처를 입어 이미 후송된 필록테테스 왕자의 소유였다. 사자로 파견된 오디세우스와 디오메데스는 필록테테스에게 활과 화살을 들고 전쟁터로 귀환할 것을 설득한다. 돌아온 필록테테스가 파리스를 죽이지만, 전세를 역전시키지는 못한다.

승리를 원하는 그리스군에게 또 다른 여러 임무가 부과된다. 그들은 펠롭스의 뼈를 아시아에서 그리스로 되찾아 와야 했고, 아킬레스의 아들을 참전시켜야 했으며, 트로이 성지에서 아테나 여신의 성상을 훔쳐 내와야 했다. 그리스군은 이 임무를 완수하지만 전세를 역전시키지 못하자 오디세우스가 그리스군을 트로이 성 안으로 들여보낼 계책 — 뱃속에 군인들을 넣을 수 있는 거대한 목마를 만드는 계획 — 을 생각해낸다. 한밤중에 그리스군은 이 목마를 트로이 평야에 가져다놓는다. 목마 속에는 오디세우스와 그의 부하들이 숨어 있었고, 나머지 그리스군은 막사를 불태운 후 근처 섬으로 퇴각해 잠복한다.

다음날, 트로이군은 그리스군이 돌아간 평원에 거대하고 이상스런 목마만 서 있는 광경을 보게 된다. 트로이군은 시논이라는 그리스군 한 명을 포로로 잡는다. 하지만 오디세우스는 이미 시논에게 그리스군의 퇴각과 거대한 목마, 그리고 평원에 혼자 남아 있게 된 사연에 관해 그럴듯한 설명을 하도록 일러놓은 상태였다. 시논이 트로이 왕 프리암에게 말한다. 그리스인들은 아테나 여신의 신전에서 성물을 훔쳤기 때문에 여신으로부터 버림을 받았다. 따라서 여신의 도움 없이는 패전이 뻔하기 때문에 퇴각했다. 그러나 고국까지 무사히 돌아가려면 인간을 제물로 바쳐야 했고 그 제물로 자기가 선택되었지만, 몰래 도망쳐 이렇게 외톨이가 되었다. 그리고 노한 아테나 여신을 달래기 위해 거대한 목마를 만들었는데 그리스인들은 트로이인들이 이 목마를 모독해 아테나 여신의 증오를 물려받기를 바라고 있다. 이 거짓말을 듣고 프리암 왕을 비롯한 트로이군은 감쪽같이 속아 넘어간다. 그들은 아테나 여신을 영예롭게 하기 위해 목마를 성 안으로 모셔 들여간다.

그날 밤, 그리스군이 목마 속에서 기어 나와 경비병들을 죽이고 성문을 열어 그리스군 본대가 성 안으로 들어오게 한다. 그리스군은 여기저기에 불을 놓고 주민들을 마구 죽이고 약탈한다. 뒤늦게 트로이군이 대항했지만 소용이 없었다. 트로이군은 극소수를 제외하고 프리암 왕을 비롯해 모두가 죽었다. 아이네아스만이 늙은 아버지와 어린 아들과 소수의 트로이군을 데리고 도주했다. 헥토르의 어린 아들 아스티아낙스는 도시 성벽 꼭대기에서 내던져졌다. 여자들은 그리스군 장군들에게 전리품으로 분배되어 노예나 첩이 되었다. 트로이는 폐허가 되고 말았다. 헤라와 아테나는 파리스와 그의 나라를 철저하게 응징한 것이다.

줄거리

트로이의 왕자 파리스가 헬렌을 납치해간다. 그러자 그리스인들은 아가멤논 왕의 지휘 아래 메넬라오스의 아내 헬렌을 되찾아오기 위해 트로이와 전쟁을 벌여 10년째에 이른다. 이것이 유명한 '트로이의 헬렌' 전설이다. 헬렌은 말하자면 1천 척의 함선을 움직이게 만든 장본인이다.

오랜 세월 계속된 공격에도 불구하고 트로이는 끄떡없이 버텨낸다. 반대로 그리스 원정군은 형편이 말이 아니었다. 괴질이 번져 많은 병사들이 죽었고, 밤마다 화장용 장작이 불타올랐다. 마침내 그리스군 최고의 장군인 아킬레스가 괴질의 원인을 밝히기 위해 회의를 소집한다.

한 점쟁이가 괴질의 원인은 교만한 아가멤논이 전리품으로 받은 여자포로를 돌려주려고 하지 않았기 때문이라고 밝혀낸다. 아가멤논은 마지못해 그 여자를 돌려주기로 하면서, 그 대가로 휘하 장수인 아킬레스의 전리품 여인을 갖겠다고 한다.

이에 격분한 아킬레스는 더 이상 그리스군을 위해 싸우지 않겠다며 부하들을 데리고 귀환선을 타러 해변으로 퇴각한다. 그리곤 어머니 테티스 여신에게 호소한다. 테티스가 신들의 제왕 제우스에게 청탁을 넣어 이 전쟁에서 트로이 편을 들어주라고 하자, 제우스가 그 청을 받아들인다.

양측 군대가 맞섰다. 메넬라오스의 아내 헬렌을 납치한 장본인 파리스가 트로이군 진영에서 달려 나와 그리스 진영에 대고 맞설 자가 없느냐고 소리친다. 원한에 찬 메넬라오스가 즉각 나서서 파리스와 결투를 벌였고, 메넬라오스가 이긴다. 그러나 파리스가 죽음을 당할 찰나, 아프로디테 여신이 날쌔게 파리스를 구출해 트로이의 왕궁 침실로 피신시킨다.

잠시 휴전이 이루어지지만 열혈 트로이 병사들이 메넬라오스에게 부상을 입히면서 전투가 재개된다. 이 전투에서 그리스군 장군 디오메데스가 용맹을 떨쳐 무수한 트로이 병사들을 죽이고 심지어 아프로디테 여신에게까지 부상을 입힌다.

헥토르는 패색이 짙어가자 트로이로 돌아가 어머니에게 아테나 여신에게 제물을 바치라고 부탁한다. 아테나는 그 제물을 받아들이지 않는다. 헥토르는 침실 속에 헬렌과 숨어 있는 파리스를 발견하고, 욕설을 퍼부으며 다시 나가 싸우라고 명령한 후, 자신의 아내와 자식들을 찾아본다. 헥토르는 그처럼 가족에게 헌신적이지만 트로이군 총사령관으로서의 책임감이 더 무겁게 그를 지배한다.

이어진 전투에서는 그리스군이 비틀거렸다. 제우스의 딸 아테나는 그리스군이 전멸당할 것 같은 위기감을 느낀다. 아테나는 대학살을 피하기 위해 아폴로와 함께 손을 써서, 헥토르로 하여금 그리스 장수 아이아스 텔라모니오스와 대결을 벌여 전쟁의 승부를 가리게 만든다. 그들은 어찌나 용맹스럽게 싸우는지 승부가 나지 않아, 제비뽑기를 했고 결국 다시 휴전이 성립된다.

이 막간에 양측은 각기 아군의 시체를 수습해 매장하고 제사의식을 치렀으며, 그리스군은 참호와 해자를 파서 수비를 강화했다.

다시 전투가 시작되었다. 그리스군이 너무나 많이 죽자 아가멤논은 회군을 고려하지만 계속 싸우는 수밖에 다른 선택의 여지가 없다. 아가멤논은 아킬레스에게 사자를 보내 다시 돌아와 싸워달라고 부탁하지만 단단히 삐진 아킬레스는 뱃전에 앉아 거절한다.

이내 아가멤논, 디오메데스, 오디세우스, 그리고 늙은 네스토르 모두 중상을 입는다. 그리스군이 패망의 위기에 놓여 있음을 감지한 아킬레스는 친구이자 부하장수인 파트로클로스를 보내 누가 중상을 입었는지 알아오게 한다.

파트로클로스는 그리스군 가운데 가장 현명한 네스토르 장군과 이야기를 나눈다. 네스토르는 파트로클로스에게 아킬레스의 갑옷을 입고 출전할 것을 권한다. 그렇게 하면 아킬레스가 돌아와 싸우는 줄 알고 그리스군이 용기백배해 싸울 것이며, 반대로 천하무적 아킬레스를 몹시 두려워하는 트로이군은 쉽게 무너질 것이라는 얘기다. 파트로클로스는 아킬레스에게 갑옷을 빌려 입고 아킬레스인 척 가장해 트로이군과 싸우기로 약속한다.

한편, 헥토르는 대대적인 공세를 펼쳐 트로이군과 그리스 함대 사이에 그리스군이 세워놓은 방벽을 허물어뜨린다. 이 전투는 처절함이 극에 달해 아비규환을 이루었다.

아킬레스는 소원대로 그리스군이 패배하는 광경을 해변가에서 지켜보았다. 그리스군은 궤멸 직전이었다. 마침내 아킬레스는 파트로클로스가 자기 갑옷을 입고 전쟁터로 뛰어드는 것을 허락한다. 그리스 군인들은 아킬레스가 돌아온 줄 알고 환호한다. 반대로 트로이군은 두려움에 휩싸여 갑자기 트로이 성으로 후퇴한다.

파트로클로스의 용맹은 가히 초인적이었다. 그는 단칼에 트로이군을 아홉 명씩이나 죽였다. 하지만 아폴로가 노해 그를 제지하는 바람에 방어가 허술해진 틈을 타 헥토르가 파트로클로스를 창으로 찔러 죽인다. 양측은 서로 파트로클로스의 시신을 차지하려고 치열한 전투를 계속한다. 결국, 그리스군은 파트로클로스의 시신을, 헥토르는 아킬레스의 갑옷을 차지한다. 그리스군은 해변으로 돌아가 함대를 지킨다.

아킬레스는 절친한 전우 파트로클로스의 전사 소식을 듣고 깊은 슬픔에 잠긴다. 이때 다가온 어머니 테티스는, 지금 파트로클로스의 원수를 갚으려 들면 너도 죽을 운명이라고 알려주며, 굳이 복수를 하고 싶다면 대장간의 신에게 부탁해서 새 갑옷을 마련해 줄 터이니 그걸 입고 나서라고 말한다.

아킬레스는 도전을 선택한다. 죽음의 운명도 트로이군

도 두렵지 않았다. 그는 친구를 죽인 트로이군과 친구를 사지로 보낸 자신을 응징할 결심이었다. 그는 어머니가 마련해 준 새 갑옷을 입고 전쟁터로 돌아간다. 전투는 그리스군의 파죽지세 승리였다. 그는 트로이 최고의 장수 헥토르를 무참하게 죽이지만 분노는 사그라지지 않았다. 그러자 헥토르의 시신을 자기 전차에 매달고 친구의 묘지 주위를 아흐레 동안이나 맴돈다.

아들의 시체가 야만적인 대우를 받자 비탄에 잠긴 헥토르의 아버지 프리암 왕은 아킬레스를 찾아가 시신을 달라고 탄원한다. 아킬레스는 프리암의 애원에 감동해 헥토르의 시체를 깨끗이 수습해 내준다.

프리암은 헥토르를 화장하고 제사를 지낸다. 위대한 전사에 대한 애도와 통곡 속에 트로이인들은 헥토르의 유품을 황금 상자에 넣어 유골을 모신 무덤에 함께 묻는다.

등장인물

〈일리아드〉에는 여러 명의 영웅이 등장한다. 전투는 소수의 영웅보다 무수히 많은 병사들이 벌이는 집단행위지만, 〈일리아드〉에서는 일반 병사들은 거의 무시되고 영웅들만 부각된다. 영웅들은 양친이나 적어도 부모 한쪽이 신인 경우가 많다. 하지만 그들 자신은 어디까지나 인간이어서 신처럼 죽음을 초월하지는 못한다. 영웅들의 신분이 그러하기 때문에 그들은 이따금 신들의 질투를 사기도 하고 신들과 싸우기도 한다. 영웅들은 저마다 독특한 덕성을 가지지만 나쁜 점도 가지고 있다. 예를 들어, 아킬레스는 위대한 투사이지만 화를 잘 내고 이기적이라는 약점이 있다. 신분 면에서 영웅은 신보다 아래지만 병사보다는 위에 선다.

한 마디로, 영웅으로 여겨지려면 네 가지 요건을 충족시켜야 한다. 첫째, 뛰어남. 즉, 만사에 탁월함을 추구할 것. 둘째, 용맹성. 즉, 전투에서 용감하게 싸울 것. 셋째, 고귀함. 즉, 연설과 외교에서 지도력을 발휘할 것. 넷째, 무용. 즉, 전투에서 혁혁한 무공을 세울 것. 〈일리아드〉에 나오는 영웅들은 모두 이야기 어디에선가 반드시 무용의 순간이 주어진다.

그리스(아카이아) 연합군 측의 영웅들

아킬레스 *Achilles* 〈일리아드〉의 중심인물. 그리스군에서 가장 위대한 투사.

성격적 결함은 지나친 자만심이다. 자기 감정이 상했다고 해서 군대 전체를 불운에 빠뜨리고 가장 가까운 사람들의 목숨을 위태롭게 만든다. 훗날 격렬한 열정에서 인간성이 싹트기 시작한다.

아가멤논 *Agamemnon* 미케네의 왕. 선량하지만 우유부단하다. 그리스 연합군 총사령관. 메넬라오스의 형이기도 하다. 관대한 마음가짐에서 인간성이 엿보이지만, 그 관대함으로 인해 나약한 왕이 된다.

디오메데스 *Diomedes* 그리스 투사들 가운데 가장 세련되고 용감한 인물. 현명하고 합리적이며 예의 바르고 용감하기로 유명하다. 호머가 꿈꾼 완벽하고 고상한 청년상인 듯 싶다. 그는 가끔 '전쟁 함성의 왕'이라고 불린다.

아이아스 *Aias(Ajax)* 살라미스의 왕 텔라몬의 아들. 정식 이름은 아이아스 텔라모니오스. 로크리스 왕의 아들 소(小) 아이아스와 구별하기 위해 대(大) 아이아스라고도 한다. 그의 명성은 주로 야수 같은 힘과 물불을 가리지 않는 용맹함에 기인한다. 별명은 '그리스군의 방호벽.' 아킬레스 다음가는 그리스군의 장군으로 소포클레스의 비극 〈아이아스〉의 모델.

오디세우스 *Odysseus* 그리스군 가운데 가장 교활하고 미묘한 인물이면서 용감한 투사임을 여러 차례 증명한다. 집요함에서 비롯된 총명함을 갖추고 있다. 별명은 '제우스의 씨앗.'

네스토르 *Nestor* 그리스의 트로이 원정군 가운데 가장 노인. 나이에서 우러나는 지혜와 경험을 토대로 회의 때마다 빛을 발한다. 더 이상 전투는 못하지만 전투 때마다 최전방에 나가 자기 부대를 지휘한다. 이따금 '게렌(Geren)의 기사'라고 불린다.

투사는 영웅보다 하위 인물로 묘사되지만, 병사에 비하면 훨씬 높은 지위다. 투사의 부모는 대부분 인간이며, 〈일리아드〉에서는 그들이 무공을 세우는 장면은 나오지 않는다.

소 아이아스 *Aias the Lesser*　유명한 투사. 무례하고 잘난 체한다. 로크리스의 왕 오일레우스의 아들로, 정식 이름은 아이아스 오일레우스.

안틸로코스 *Antilochos*　네스토르의 아들로 용감한 청년 투사. 전투나 장례 의식에 적극적으로 참여한다.

아우토메돈 *Automedon*　아킬레스의 마부 겸 시종.

헬렌 *Helen*　원래 메넬라오스와 결혼했지만 파리스를 따라 트로이로 달아나 그와 재혼한다. 세상에서 가장 아름다운 여인으로 알려져 있다. 이기적인 면모를 지니고 있다.

이도메네우스 *Idomeneus*　크레테 섬의 왕. 그리스의 여러 소왕국 지도자들 가운데 가장 뛰어나다. 그리스 병사들이 존경하고 좋아한다.

칼카스 *Kalchas*　그리스의 예언자이자 점쟁이.

메넬라오스 *Menelaos*　스파르타 왕국의 왕이며 아가멤논의 동생. 파리스에게 납치된 헬렌의 남편.

파트로클로스 *Patroklos*　아킬레스의 절친한 친구이자 전우이자 부하.

아이네이아스 *Aeneas* 아프로디테의 아들이자 트로이의 귀족. 트로이군 서열 2위의 지휘자이며 용감하고 재간 있는 투사.

헥토르 *Hektor* 프리암과 헤쿠바 사이에서 태어난 트로이의 왕자. 트로이 동맹군 총사령관. 트로이 전사 가운데 가장 용맹스럽고, 〈일리아드〉를 통틀어 가장 고상한 인물 중 하나. 항상 국가와 백성들에 대한 의무와 책임을 의식하고 있으며 개인적 이해관계에 얽매이지 않는다. 헌신적이고 사랑 넘치는 남편이자 아버지.

트로이 동맹군 측의 투사 및 기타인물들

안드로마케 *Andromache* 헥토르의 아내. 호머가 그려내고자 했던 가장 이상적인 현모양처로 생각된다. 충성스럽고, 사랑이 넘치며, 항상 가족을 생각하고, 남편의 결정에 기꺼이 따른다.

안테노르 *Antenor* 트로이의 귀족. 헬렌을 그리스에 돌려보자고 주장하지만 관철시키지 못한다.

아스티아낙스 *Astyanax* 헥토르와 안드로마케 사이에 태어난 어린 아들.

크리세이스 *Chryseis* 아폴로 신의 사제인 크리세스의 딸. '전리품'으로 아가멤논의 차지였으나 아폴로의 요구로 자기 아버지에게 돌아온다.

돌론 *Dolon* 트로이의 귀족. 제10권에서 오디세우스와 디오메데스가 트로이 진영을 야간 기습할 때 포로가 된다.

글라우코스 *Glaukos* 왕자이자 유명한 투사.

헤쿠바 *Hekuba* 프리암 왕의 아내.

헬레노스 *Helenos* 프리암과 헤쿠바 사이에 태어난 트로이의 왕자들 중 하나이며 예언자.

카산드라 *Cassandra* 프리암과 헤쿠바 사이에 태어난 트로이의 공주. 헥토르와 파리스의 여동생.

판다로스 *Pandaros* 솜씨 좋은 궁수이지만 반역자. 제4권에서 휴전을 깨뜨린다.

파리스 *Paris* 일명 알렉산드로스. 프리암과 헤쿠바 사이에 태어난 왕자. 헬렌의 남편. 트로이가 자기 때문에 전쟁을 치르는 것을 만족스러워하는 눈치다. 헥토르가 이런 태도를 여러 번 나무란다. '미남'으로 명성을 얻었으며 유연한 처신과 언변이 있지만 그리스와 트로이 어느 쪽으로부터도 존경받지 못하며 때때로 겁쟁이라고 비난을 받는다.

포울리다마스 *Poulydamas* 트로이 지도자 중의 하나. 유능하고 명석한 군사전략가. 헥토르는 그의 조언에 항상 귀기울였다.

프리암 *Priam* 트로이 왕. 너무 늙어서 야전지휘관 역할을 할 수 없지만 밤중에 그리스군 진영을 찾아가 헥토르의 시체를 돌려달라고 호소할 정도로 담력이 있다. 고상하고 자비로운 인물. 대부분의 트로이인들이 헬렌이 정절을 지키지 않아 전쟁을 치르게 되었다며 그녀를 좋게 보지 않지만, 프리암과 헥토르는 그녀를 존중하고 예의 바르게 대한다.

신들은 영생을 누리는 존재라는 점에서 인간과 다르다. 그들은 죽음의 두려움을 모르며, 인간 투사들이 싸우거나 죽을 때 겪는 고통과 공포를 전혀 이해하지 못하는 듯하다. 신들의 몸속에는 혈액이 아니라 영액(靈液, ichor)이 흐르며, 신찬(神饌, ambrosia)을 먹고, 신주(神酒, nectar)를 마신다. 그들은 주로 올림포스 산*에 살지만, 제우스가 이다 산에 가서 전쟁을 관찰하는 데서 볼 수 있듯 어느 곳에나 존재한다. 신들은 모습을 자유롭게 바꿔 인간과 교류하기도 한다. 때로는 인간과 싸워 다치기도 하지만, 피를 흘리거나 죽는 존재가 아니므로 인간의 부상과는 전혀 개념이 다르다. 그리스의 신들은 모두 의인화되어 있고, 대개 인간보다 약간 더 크며 아름답다. 인간처럼 분노와 질투를 드러내거나 사술(詐術)을 부리기도 한다.

제우스 *Zeus* 최고의 신이자 올림포스의 제왕. 운명의 뜻을 거스르는 자를 저지하고 운명을 원래대로 실현시키는 일이 임무다. 따라서 전쟁에서는 중립적이어야 하지만 〈일리아드〉에서 트로이 편을 든다. 특히 헥토르와 프리암에게 동정적이다. 뿐만 아니라, 아가멤논에게 반기를 드는 아킬레스를 돕는다. 신들 가운데 그만이 운명을 바꿀 능력이 있지만 굳이 그 능력을 행사하지 않는다. 그렇게 하면 세상 돌아가는 경로

---

* **올림포스 산**(Mount Olympos): 그리스 신화의 12신이 살고 있다는 산. 그리스에는 올림포스라는 이름의 산이 여럿 있는데, 그 중 북부 국경지대에 있는 가장 높은 올림포스 산(해발 2,917m)을 지칭하는 것으로 본다.

가 방해를 받기 때문이다. 헤라와 결혼했으나 자주 다툰다.

헤라 *Hera* 제우스의 여동생이자 아내. 그리스를 지지하는 올림포스 신들 중 가장 열심이다. 심지어 남편을 속여서라도 트로이를 망하게 하려고 애쓴다. 여성과 출산의 여신.

아테나 *Athena* 제우스의 딸. 제우스의 머리에서 튀어나왔기 때문에 지혜의 여신이 되었다. 그리스군의 편에 서서 전쟁을 주도한다. 전투의 여신으로 알려져 있으며 때때로 팔라스 또는 팔라스 아테나라고 불린다.

아프로디테 *Aphrodite* 제우스의 딸. 사랑과 성욕의 여신. 아이네아스의 어머니이며 파리스의 후원자. 따라서 트로이군의 편을 든다. 정부(情夫)는 전쟁의 신 아레스. 〈일리아드〉에서는 파리스 및 헬렌과 각별한 관계에 있다.

아폴로 *Apollo* 제우스의 아들. 예언, 광명, 시, 음악의 신. 트로이군 편을 든다. 제1권에서 아킬레스와 아가멤논 사이에 분쟁을 일으키는 괴질을 퍼뜨린다.

아레스 *Ares* 제우스와 헤라 사이의 소생으로 전쟁의 신. 아프로디테의 연인. 헤라와 아테나에게 그리스 편을 들기로 약속해 놓고 실제로는 트로이 편을 든다. 그를 좋아하는 자는 아프로디테뿐이다.

아르테미스 *Artemis* 제우스의 딸. 아폴로의 여동생. 순결, 사냥, 야생동물의 여신. 트로이 편을 들지만 실효성은 거의 없다.

디오네 *Dione* 아프로디테의 어머니.

하데스 *Hades* 죽음의 신. 지하세계의 지배자.

헤르메스 *Hermes* 신들의 사자(使者). 죽은 자의 혼을 하데스에게 데려가는 임무를 맡고 있다. 여행자의 수호신이기도 하다. 그리스 편을 들지만 실제 역할은 거의 없다. 제24권에서 프리암을 호위해 아킬레스를 방문한다.

이리스 *Iris* 신들의 사자.

포세이돈 *Poseidon* 제우스의 동생. 바다의 신. 트로이에 대해 묵은 원한이 있기 때문에 그리스를 강력히 응원한다. 형 제우스가 자기를 지배하려 드는 데 대해 불만이 많다.

테티스 *Thetis* 아킬레스의 어머니. 바다의 요정. 아들이 아가멤논과 다툴 때 철저하게 아들을 돕는다. 아들을 위해 헤르메스에게 부탁하여 새 갑옷을 만들어준다.

크산토스 *Xanthos* 제우스의 아들. 트로이에 있는 큰 강의 신. 제21권에서 아킬레스와 싸우지만 헤파이스토스의 불에 패배한다.

등장인물 관계도

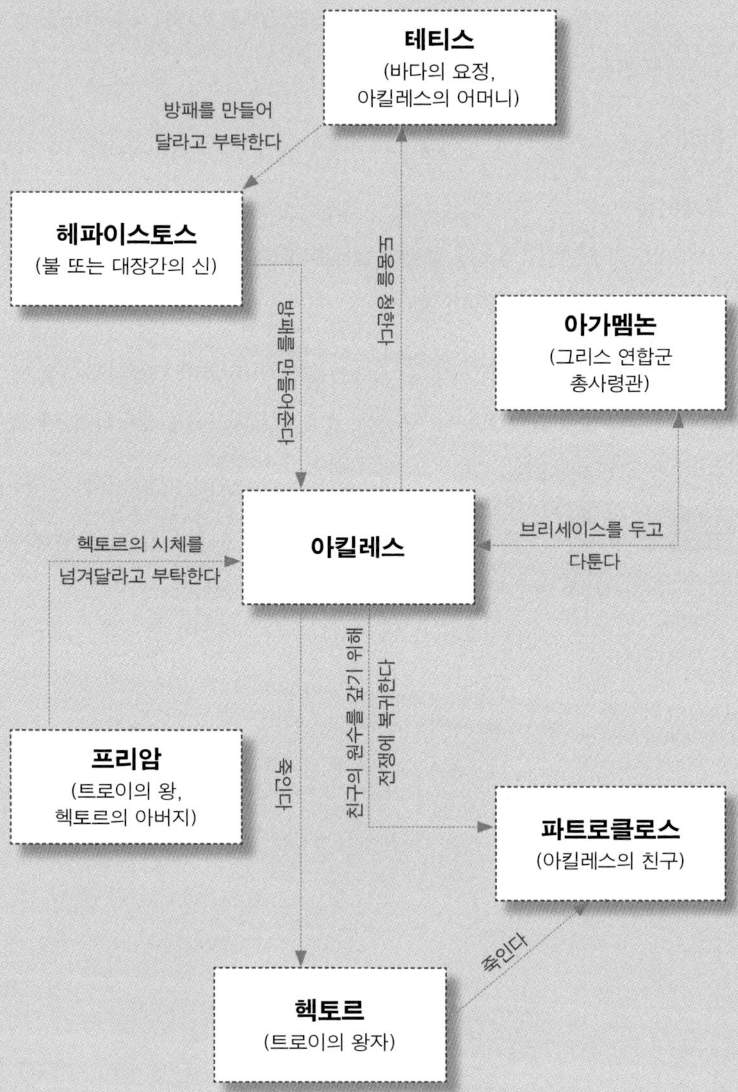

테티스
(바다의 요정,
아킬레스의 어머니)

헤파이스토스
(불 또는 대장간의 신)

아가멤논
(그리스 연합군
총사령관)

아킬레스

프리암
(트로이의 왕,
헥토르의 아버지)

파트로클로스
(아킬레스의 친구)

헥토르
(트로이의 왕자)

방패를 만들어
달라고 부탁한다

도움을 청한다

방패를 만들어준다

브리세이스를 두고
다툰다

헥토르의 시체를
넘겨달라고 부탁한다

친구의 원수를 갚기 위해
전장터로 돌아간다

죽인다

죽인다

Book별
정리
노트

제 1 권

괴질과 분노

〈일리아드〉는 위대한 영웅들의 행적을 기록해 놓은 장대한 서사시이며, 역사와 문학을 잇는 다리다. 서사시가 으레 그렇듯이, 시인이 시의 여신에게 영감을 달라고 비는 발원문이 먼저 나온 다음, '사건의 한가운데에서' 이야기가 시작된다. 호머는 발원문에서 주제를 '아킬레스의 분노와 그로 인해 일어난 결과들'이라고 하면서, 이 이야기를 훌륭하게 설명할 수 있도록 시의 여신에게 도움을 청하고 나서 독자들을 처음 분쟁이 일어난 곳, 〈일리아드〉가 실제로 시작되는 전쟁의 와중으로 데려간다.

그리스 연합군은 본격적인 트로이 공격에 앞서 그 부근의 군소 도시국가들을 여러 차례 약탈한다. 이 가운데 그리스군은 적국의 두 미녀 크리세이스와 브리세이스를 포로로 잡는다. 그들은 두 인간전리품을 총사령관 아가멤논과 그리스 최고의 투사 아킬레스에게 나눠준다.

크리세이스의 아버지 크리세스는 딸을 돌려달라고 탄원하지만 아가멤논이 거부하자 아폴로에게 호소하고, 아폴로는 그리스군 진영에 질병을 퍼뜨린다. 괴질이 퍼진 지 열흘 째 되는 날, 이를 막지 못하는 아가멤논을 보고만 있을 수 없던 아킬레스는 아가멤논의 권위를 무시하고 군사회의를 소집한다. 그리고 점쟁이를 불러다 아폴로 신이 노한 이유를 따져보자고 주장한다. 그리스의 점쟁이 칼카스가 괴질의 원인을 설명하겠다며 자진해 나서면서, 자신의 신변보호를 조건으로 내세운다. 아킬레스가 동의한다.

칼카스가 괴질의 창궐은 아가멤논이 크리세이스를 아버지에게 돌려주지 않았기 때문이라고 밝히자, 아가멤논은 괴질의 원인 제공자로 공개 거명된 것에 격분한다. 그는 크리세이스가 정당한 전리품인데도 강제로 내놓아야 한다면, 그 대가로 아킬레스가 차지한 브리세이스를 내놓으라고 주장한다.

아킬레스는 아가멤논이 브리세이스를 요구하자 당치않은 공개 망신이라고 생각하고, 전 그리스군이 뻔히 보는 앞에서 이럴 수 있느냐며 요구를 거부할 뿐만 아니라, 자기 군대(미르미돈군)는 이제부터 전쟁을 그만두고 하루 속히 고국으로 철수하겠다고 으름장을 놓는다.

아가멤논은 아킬레스의 반응에는 개의치 않는다. 그러나 우선 아폴로의 환심을 사기 위해 전리품 크리세이스를 반환하기로 결정하고, 그녀를 배에 태워 안전하게 고국으로 돌려보내고는 버젓이 전령을 보내 아킬레스의 전리품 브리세이스를 데려오라고 한다. 놀랍게도, 아킬레스는 브리세이스를 선선히 내준다.

　실의에 빠진 아킬레스는 어머니인 바다의 여신 테티스에게 트로이군이 동맹군인 그리스군을 이기게 제우스 신에게 부탁해 달라고 호소한다. 아킬레스는 아가멤논이 패전의 수치를 겪게 함으로써 자기에게 저지른 잘못에 앙갚음을 하려는 속셈이다.

　테티스는 올림포스 산으로 제우스를 방문한다. 신들의 왕 제우스는 아내 헤라가 어떤 태도로 나올지 염려스럽지만 트로이를 돕겠다고 약속한다. 원래 헤라는 테티스를 질투했고 트로이를 증오하던 터라, 트로이의 승리를 그냥 보고 있을 성싶지 않았던 것이다. 하지만 헤라는 남편의 분노가 더 두려웠기 때문에 잠자코 있는다. 제1권은 제우스 궁전에서 열린 신들의 잔치로 막을 내린다.

　제1권에서는 아가멤논과 아킬레스 사이에 분쟁이 일어나고, 네스토르가 중재한다. 이것은 마지막 권에서 제우스와 헤라 사이에 언쟁이 일어나고, 헤파이스토스가 중재하는 것과 평행을 이룬다. 그런데 신들의 분쟁이 해학적인 장면으로 해소되는데 비해 인간들의 다툼은 심각하게 이어지는 것이 역설적이다. 나중의 장면에서 먼저 있었던 일을 되풀이하는 것이 호머의 기법인데, 작품 구조상 이 기법은 〈일리아드〉 전체의 기초를 이루고 있다. 제1권은 기본적으로 작품 전체를 위한 긴장감을 조성한다. 제1권에서 9권까지는 아킬레스의 분노를 정당화시키는 편이다. 그러나 제9권에서 18권까지는 아킬레스의 분노가 비판을 받는다. 그러다 제18, 19권에서는 화해가 이루어진다. 이런 흐름이 제19권에서 제24권까지 다시 반복된다. 제19권에서 22권까지는 아킬레스의 두 번째 분노가 정당화될 수 있는 것으로 서술된다. 그러나 제22권부터 24권까지 비판의 대상이 되다가 24권에 이르러서는 아킬레스와 프리암이 만나 화해가 이루어진다.

제1권의 첫머리는 이렇게 시작된다. "분노—시의 여신이여, 펠레우스의 아들 아킬레스의 분노를 노래하시라." 호머는 이제부터 자기가 아킬레스의 분노와 트로이 전쟁에 관해 이야기할 터인데 그 서사시를 멋지게 쓰게 해달라고 뮤즈(시의 여신)에게 발원한다. 그는 '분노'라는 단어 속에 또 다른 인간본성인 자존심, 명예 등을 포괄시켜 이 작품의 핵심주제로 사용한다. 원래 아킬레스의 분노는 아가멤논의 오만에 대한 정당한 반응이다. 그러나 작품이 진행됨에 따라, 정당한 분노라고 할지라도 소인배적 원한으로 타락하거나 통제 불능한 격정으로 격앙될 수 있음이 명백해진다. 이성과 자제력의 필요성, 이것은 이 작품 전체를 흐르는 지배적인 사상이다.

제1권에서는 주인공들의 자존심과 명예심이 자극받는 사건들이 일어난다. 아가멤논과 아킬레스는 크리세이스와 브리세이스라는 여자 포로 문제로 인해 자신들의 명예가 손상되었다고 믿는다. 자존심과 명예는 그리스인들에게 중요한 행동

원칙이었다. 특히 공적으로 인지되는 특성이 있기 때문에 더욱 그랬다. 아가멤논은 아킬레스가 회의를 소집해 크리세이스를 크리세스에게 돌려주라고 요구한 것은 지휘권에 대한 도전이며 명예를 공격한 것이라고 생각한다. 반면, 아킬레스는 아가멤논이 크리세이스 대신 브리세이스를 갖겠다고 결정을 내린 것은 자기 명예를 더럽힌 것이며 그리스군 총사령관이 공공연하게 무례를 범했다고 생각한다. 이러한 자존심과 명예의식은 두 사람의 눈을 가려 보다 큰 선(善)을 보지 못하게 만든다. 오만—과도한 자존심—은 두 사람을 바보처럼 반응하게 만들어, 아가멤논은 아킬레스의 몫인 브리세이스를 가지겠다고 떼를 쓰고, 아킬레스는 전쟁터에서 군대를 철수시키는 어리석음을 범하게 된다. 호머는 고상한 자라 할지라도 감정이 상하면 쩨쩨해지거나 무분별해질 수 있음을 보여준 것이다.

그렇지만 아킬레스의 철군 결정은 제1권에서는, 나중 부분에서와는 달리, 매우 합리적인 행위로 묘사된다. 그리고 제9권까지는 아킬레스의 분노와 철군이 나름대로 명분 있는 행위로 다루어진다. 이 결정은 과잉반응임이 분명하지만 제9권까지는 독자들이 아킬레스에게 공감한다.

제1권에 소개되는 두 번째 주제는 신과 인간 간의 관계의 성질이다. 아가멤논이 크리세이스를 포기하지 않으려고 하자, 크리세스는 아폴로에게 기원하고, 아폴로가 지상에 내려와 화살(괴질의 상징적 표현임)을 퍼부어 그리스 진영을 초토

화시킨다. 후에, 아가멤논에게 화가 치민 아킬레스가 칼을 뽑아들고 그를 죽이려 하자 아테나가 개입해 지나치게 흥분한 아킬레스를 진정시키는 장면이 나오는데, 이 부분은 인간의 의지를 제어하는 이성을 상징적으로 표현한 것이다. 끝으로, 아킬레스의 어머니인 테티스 여신은 제우스를 찾아가 아가멤논과 그리스군이 아들에게 부당행위를 했으니 벌을 내려달라고 요청한다. 제우스는 고개를 끄덕여 승낙하고 트로이군이 연승하도록 해주는데 〈일리아드〉 전반부는 대부분이 그 이야기로 채워져 있다. 이 같은 제우스의 결정은 신들 간에 논쟁을 일으키는데, 이는 그리스인 진영내의 다툼을 해학적으로 반영하고 있다.

호머는 신과 인간 사이의 관계를 다양하게 보여준다. 첫째, 아폴로가 일으킨 파괴와 아테나가 만들어낸 자제의 예에서 알 수 있듯이, 호머는 자연적 사건이나 인간의 행동 원인을 설명할 때, 신을 이용해 극적이거나 우화적으로 설명한다. 둘째, 호머는 신들이 인간사에 적극적인 역할을 하고 있음을 분명히 보여준다. 아폴로와 제우스는 세련되지 못한 정의, 반발이 당연하다고 할 수밖에 없는 날림 정의를 인간사에 배정할 정도로 적극적이다. 셋째, 신들의 개입은 신과 인간의 상호관계가 인간의 운명에 어떤 식으로든 영향을 미치고 있음을 보여준다. 아킬레스 같은 인물은 자유의지를 가진 듯이 보이기도 하지만, 인간의 운명은 신들이 좌우하는 것으로 보인다.

또 어떤 경우에는, 신도 인간도 인간의 운명은 그 자체일 뿐 아무도 통제할 수 없는 것처럼 보이기도 한다.

지난 수십 년 동안, 일부 심리학자들은 〈일리아드〉에 나오는 인간 대 신의 관계에 관해 색다른 접근법을 제시했다. 심리학자 줄리언 제임스는 〈(이원적 정신의 붕괴에서의) 의식의 기원 *The Origin of Consciousness in the Breakdown of the Bicameral Mind*〉(1990)에서 신과 인간의 관계에 관해 전적으로 색다른 의견을 제시했다. 제임스는 현대적인 인간의 의식은 비교적 최근에 들어와서 생긴 것이며, 이원적 정신구조를 가진 고대인은 결단이나 사려 깊은 행동이 필요해질 때 머릿속에서는 정신의 이쪽 부분과 저쪽 부분이 서로 대화를 나누며 의논했다고 주장하면서, 〈일리아드〉의 등장인물들이 바로 이런 식이었다고 본다. 따라서 아테나가 아킬레스에게 칼을 뽑지 말라고 했을 때, 그 말을 한 자는 아테나가 아니라 사실은 아킬레스의 뇌의 다른 한쪽이었다는 것이다. 다시 말해, 제임스의 주장은 고대인들이 뇌의 이쪽이 들은 뇌의 저쪽 말을 신의 개입이라고 생각했으리란 것이다.

제 2 권

제우스의 뜻

제우스는 트로이군을 돕겠다는 테티스와의 약속을 지키기 위해 아가멤논이 허황된 희망의 꿈을 꾸게 한다. 그 꿈을 믿은 아가멤논은 다음날 아침 전투에서 트로이군을 전멸시킬 것이라고 절대 확신하면서, 막료들과 함께 트로이에 대한 대공세를 계획한다.

그러나 아가멤논은 대공세를 펴기 전에 먼저 병사들의 충성심을 떠보기 위해 전쟁을 시작한 지 9년이나 지났으면 너무 오래 끈 것이니 고국으로 돌아가자고 짐짓 말한다. 그러자 뜻밖에도 병사들은 환호를 보내고, 대오가 무너지면서 병사들이 배로 달려가 귀국할 준비를 한다. 오디세우스가 아테나의 지도를 받아 이 혼란을 겨우 진정시킨다. 오디세우스는 귀국보다는 남아서 트로이군을 정복하는 쪽이 훨씬 더 명예로운 일임을 병사들에게 납득시킨다. 오디세우스의 연설에 늙은 현자 네스토르가 목소리를 보태자, 병사들은 남아서 싸우기로 마음을 바꾼다.

제우스에게 제물을 바친 후 전군에 공격준비 명령을 내린 아가멤논은 그리스군을 사열한다. 여기서 호머는 그리스군의 모든 단위부대와 영웅들을 하나하나 묘사할 기회를 갖는다.

그리스군의 기동상황이 트로이에 전해지자, 헥토르는 트로이군에게 성 앞 평원에 나가 적을 맞아 싸울 태세를 갖추라고 명령한다. 성문을 통과해 밖으로 나가는 트로이군을 보며, 호머는 독자들에게 트로이와 동맹 도시 지도자들을 일일이 설명해 준다.

　　제2권은 크게 두 부분으로 나뉜다. 전반은 아가멤논의 꿈과 귀환소동 후에 군사들이 재집결하는 부분이고, 후반은 트로이에 온 그리스의 왕들, 영웅들, 함선들의 명부다.

　　이 명부는 서사시에 삽입된 중요한 휴지부로서, 등장인물들의 일람표인 동시에 서사시가 시작되기 이전 9년간의 전투 회고록이다. 또한 150개가 넘는 장소와 인물들을 설명하고 있기 때문에 역사학자나 다른 분야 학자들이 청동기시대에 관한 정보를 꿰어 맞추는 정보의 원천으로도 관심을 끈다.

　　역사학자, 언어학자, 고고학자들은 대적하는 양측 군대에 관한 두 목록의 정보를 분석함으로써, 고대 그리스 역사에서 중요하지만 잘 알려져 있지 않은 기간을 재구성하는 데 큰 도움을 얻을 수 있다. 〈일리아드〉에 이런 기록들이 있다는 것은 호머가 역사와 문학적 전통의 기초 위에서 이 시를 썼음을 보여주는 좋은 예다.

　　제2권의 전반부는 제우스가 아가멤논에게 보낸 헛된 꿈을 다룬다. 이 경우는, 신은 인간에게 직접 충고하거나 돕지 않고도 인간사에 개입하는 경우가 있음을 보여준다. 제우스가 거짓 꿈을 아가멤논에게 보내 운명을 뒤집어놓아 그리스가 트로이에 이기는 것을 방해하려 하는 이 이야기에는 또 다른 암시가 들어 있다. 즉, 신들은 자기들의 행위가 인간에게 어떤 기막힌 결과를 가져오건 신경 쓰지 않는다는 것이다. 거짓 꿈은 그리스와 트로이 양측에 막대한 죽음과 파괴를 가져오지만, 제우스는 전혀 대수롭게 생각하지 않는다. 죽음을 모르는 신으로서는 인간 생명이 유한하다는 게 전혀 중요하지 않다.

아가멤논이 꿈에 반응하는 모습을 보면, 그의 지도자적 자질에 의문을 갖지 않을 수가 없다. 우선, 최고지도자가 그토록 전혀 의심 없이 꿈을 받아들일 수 있느냐 하는 점이다. 둘째, 부하들의 전투욕구를 전쟁을 계속하는 쪽이 아니라 귀환하는 쪽에 기대를 갖게 하는 식으로 측정해 보려 했다는 점이다. 고국의 아내와 자식들과 9년이나 헤어져 지냈으니 병사들로서는 귀국이 영광이나 명예보다 훨씬 더 가치 있는 제안이므로 곧장 배로 달려가는 대소동이 일어날 게 뻔한 일이다. 셋째, 혼란에 빠진 병사들을 설득해 다시 전쟁과 명예 쪽으로 마음을 돌리게 한 것은 아가멤논이 아니라 오디세우스와 네스토르였다.

전쟁과 인간의 명예라는 문제는 테르시테스의 연설과 오디세우스의 반박을 통해 명료하게 부각된다. 신체불구자인 그리스의 투사 테르시테스는, 싸울 가치가 없다, 아가멤논은 지도자로서 결함이 많다, 늘 전리품을 가장 많이 차지하다가 결국은 아킬레스를 소외시키지 않았는가, 라며 설득력 있게 성토한다. 그의 주장은 강력했지만 바로 이어서 오디세우스가 퍼부은 반격에는 상대가 되질 못했다. 오디세우스는 테르시테스가 평민이며 왕이나 귀족을 평가할 입장이 아니라는 주장을 편다. 나아가 테르시테스에게는 자존심이나 명예심이 없는데, 그 이유는 싸울 의지를 갖지 않았기 때문이라고 밝힌다. 여기서 테르시테스의 명예심 결핍이 신체적 불구를 통해 상징적으로 강조된다. 오디세우스는 테르시테스의 등을 지팡이로 쳐 눈물을 흘리게 하는 것으로 반박연설을 마친다. 이 공개적인 지적과 모욕으로 테르시테스는 잠잠해진다. 정상적인 병사라면 자존심과 명예를 위해 싸워야 한다. 딴 소리를 하는 자가 있다면 마음과 몸이 불구인 자다.

호머는 제2권에서부터 서사시적이거나 늘어진 직유를 자주 사용하기 시작한다. 이 작품에서는 이런 식의 직유가 평범한 짧은 직유보다 훨씬 더 자주 쓰인다. 예를 들면, 군대를 '날아가는 새, 거위, 두루미의 무리' 같다고 비유하고, 이어서 새의 생김새를 시시콜콜 설명하거나 서식지가 케이스터 강 하구 유수지라고 정확한 장소를 가르쳐주기도 한다. 이런 식의 장황한 직유는 한 페이지 이상으로 길어지기도 한다. 우리는 이런 직유들을 통해, 장면에 대한 상세한 설명과 더불어 작품 전체를 훨씬 더 깊이 있게 이해하게 된다.

제 3 권

 파리스와 메넬라오스의 대결

양쪽 군대가 진군해 근거리에서 마주보며 대치한다. 이때 파리스(메넬라오스의 아내 헬렌을 납치한 트로이 왕자)가 경솔하게 달려 나가 아무나 좋으니 자기와 일 대 일로 결투를 하자고 떠든다. 기다렸다는 듯이 메

넬라오스가 이 도전에 응한다. 그런데 웬걸 파리스는 갑자기 겁을 내며 트로이 병사들 틈으로 들어가 숨어버린다.

트로이군 사령관 헥토르가 동생 파리스를 찾아내 심하게 꾸짖자, 수치심을 느낀 파리스가 메넬라오스와 결투하기로 한다. 양군의 대치상황 속에서 아가멤논과 헥토르가 결투 조건을 협의한다. 그들은 파리스(헬렌의 정부)와 메넬라오스(헬렌의 남편)가 싸워 승자가 헬렌을 차지하기로 합의한다. 그리고 헬렌 문제가 해결되면 전쟁을 계속할 이유가 없으므로 양국이 평화조약을 체결하고 그리스군은 배를 타고 귀국하기로 한다.

한편, 트로이 쪽에서는 프리암 왕이 신하들과 망루에 앉아 전투장을 바라본다. 그 자리에는 헬렌이 동석해 있다. 그녀는 프리암에게 그리스군 장군들을 손가락질하며 그들의 됨됨을 설명해 준다. 그러는 중에 프리암에게 전투장으로 나와 그 협의 결과에 동의해 달라는 전갈이 당도한다. 전투장으로 나간 그는 적군수장 아가멤논과 함께 양측 군대를 위해 신들에게 제물을 바친 다음, 결투와 휴전 조건을 엄숙히 승인한다. 프리암이 트로이 진영으로 돌아간 후 파리스와 메넬라오스는 결투를 준비한다.

두 투사는 양측 군대 사이의 넓은 개활지에서 창과 칼로 결투를 한다. 메넬라오스의 우세였다. 파리스에게 가벼운 상처를 입힌 메넬라오스가 파리스를 잡아 그리스군 쪽으로 끌고 가려는 순간, 아프로디테가 개입해 총애하는 왕자를 구출한다. 그녀는 파리스를 '두꺼운 안개 속'에 숨겨 '트로이 성 안의 그의 침실로 옮기고 헬렌을 데려온다.

아가멤논은 군대 앞으로 나가서, 의심의 여지없이 메넬라오스의 승리이므로 즉시 헬렌을 내놓으라고 요구한다. 그리스 병사들은 그들의 왕이자 총사령관 아가멤논의 호령에 우레와 같은 찬사를 보낸다.

문학적 장치 제3권은 호머가 〈일리아드〉에서 여러 차례 구사하는 형태를 따르고 있다. 이어지는 장면이 바로 앞 장면에 담긴 사상을 보강하는 형태다. 제3권에서는 그리스인과 트로이인 사이의 전쟁이 메넬라오스와 파리스의 결투로 개인화된다. 헬렌을 둘러싸고 일어난 두 개인 간의 다툼이 전쟁의 원인이니 그럴 만도 하다. 그들의 결투는 투사(메넬라오스)와 연인(파리스) 간의 싸움을 상징한다. 메넬라오스가 결투에 이기지만, 어느 틈에 파리스는 아프로디테의 도움을 받아 침실로 사라진다.

메넬라오스와 파리스의 충돌은 제3장의 두 번째 장면에서 또다시 일어난다. 헬렌이 파리스를 버리고 메넬라오스에게 돌아가려고 하는 것이다. 그녀는 이제 더 이상 파리스와는 볼일이 없다고 단언하지만 육욕의 상징 아프로디테가 위협하자 즉시 항복하고 파리스와 동침한다. 호머는 신의 속성을 등장인물의 성격이나 행위와 자주 연결시킨다. 이 대목에서 헬렌과 파리스가 아프로디테로 상징되는 육욕에 무릎을 꿇는 것이 그 예다. 보통 때 같으면 헬렌은 명예로운 투사 메넬라오스에게 돌아가고 싶었을지도 모른다. 그러나 성적 열망에 정복당한 헬렌은 파리스의 침대로 간다. 파리스 역시 성적 열망을 통제할 능력이 없는지라 메넬라오스와의 결투를 마칠 생각을 하지 못한다. 헬렌과 파리스가 동침하는 동안, 메넬라오스는 파리스를 찾아 헤맨다.

　　제3권은 성공하고자 한다면 욕정을 자제해야 한다는 점을 분명히 하고 있다. 파리스는 메넬라오스와의 결투와 휴전조건을 준수함으로써, 자신의 행위로 인해 일어난 전쟁을 종결시킬 수 있었다. 그러나 파리스나 헬렌은 이미 자제력을 잃은 상태였다. 파리스는 자제해 보려고 노력조차 하지 않았다. 그는 헬렌과의 사랑 욕심을 극복하지 못하고, 전쟁터의 영광을 저버렸다. 하긴, 전쟁터의 영광이란 죽음일 뿐이다. 아가멤논이나 아킬레스가 자존심과 분노를 통제하지 못했던 것과 마찬가지로 파리스는 정욕을 통제하지 못했다. 자존심, 분노, 명예욕, 욕정은 모두 인간적인 속성인데, 성공을 원한다면 반드시 이것들을 통제할 수 있어야 한다고 호머는 노래한다. 제3권은 파리스와 헬렌을 통해 자제력을 잃으면 얼마나 끔찍한 결과를 가져오는지 보여준다. 파리스는 정욕을 통제하지 못했기 때문에 미연에 방지할 수도 있었던 전쟁을 미증유의 잔인한 전쟁으로 만들었다. 반대로, 오디세우스는 이성으로 감정을 통제함으로써 결국은 전쟁을 종식시킬 대책을 짜내게 된다.

헬렌이 처음 등장할 때 호머는 그녀의 천성 속에 내재하는 성(性)을 강조한다. 처음 독자와 만날 때의 헬렌은 겉보기에는 〈오디세이〉의 페넬로페와 매우 흡사하다. 그녀는 자수를 놓고 있다. 그 자수는 전쟁의 경과를 묘사한다. 이

자수는, 헬렌이 전쟁의 직조공, 즉 전쟁의 원인임을 상징한다. 〈일리아드〉에서는 그녀의 미모를 구체적으로 묘사하지는 않는다. 그러나 아가멤논과 휴전을 맺으러 가는 길에 트로이의 장로들이 헬렌의 미모에 감탄하는 대목은 그 어떤 직접적인 묘사보다도 그녀의 아름다움을 확실하게 말해 준다.

제 4 권

휴전 위반과 전쟁

올림포스 산에서 신들의 회의가 열린다. 제우스는 메넬라오스의 승리가 분명하니 9년이나 끌어온 긴 전쟁을 끝내자고 제안한다. 헤라와 아테나는 그 제안에 찬성하지 않는다. 특히 헤라는 제우스에게 격렬하게 항의한다. 그녀는 자기가 증오하는 도시 트로이를 완전히 파괴하고 싶었다. 휴전이 아니라 끝장을 원한 것이다. 항의를 받아들인 제우스는 아테나를 보내 그럼 어떻게든 전쟁을 다시 시작하게 해보라고 한다.

트로이에 도착한 아테나는 트로이 지휘관 중의 한 사람인 판다로스 찾아내 메넬라오스를 죽여 큰 영광을 얻으라고 꼬드긴다. 어리석게도 아테나의 충고를 받아들인 판다로스는 휴전중임에도 불구하고 활을 들어 메넬라오스를 쏜다. 아테나는 메넬라오스가 상처만 입게 만든다. 왜냐하면 그녀는 전쟁이 재발하면 그만이지, 메넬라오스가 죽기를 바란 게 아니기 때문이다. 아가멤논을 비롯한 그리스인들은 이 휴전 위반행위와 겉보기에 심각한 메넬라오스의 부상에 깜짝 놀란다. 다행히 치명상은 아니어서 군의관들이 치료하고 있는데, 일부 트로이군 부대가 갑자기 전투대형을 갖추고 진군해 오기 시작한다.

아가멤논은 즉각 전투준비를 명하고 대오 속으로 들어가 병사들의 사기를 북돋운다. 그리스 연합군은 왕의 격려에 호응해 열심히 무장을 갖추고 대오를 정비한다. 결국, 전쟁이 다시 시작되고, 양쪽 군대가 격돌한다. 쌍방에서 많은 전사자가 발생한다.

제4권은 신들의 토론으로 시작된다. 이 토론에서 제우스는 파리스가 메넬라오스와의 결투에서 졌으니 전쟁을 끝낼 수도 있는 게 아니냐며 헤라와 아테나의 의중을 떠본다. 그러나 헤라가 트로이를 용서할 수 없다며 격렬한 주장을 펴자, 제우스는 곧장 아테나를 보내 판다로스를 상대로 속임수를 쓰게 한다. '바보'라는 별명이 붙은 판다로스는 아테나의 꼬임에 넘어가 휴전을 위반하고 화살을 쏘아 메넬라오스를 죽이려 한다. 이 두 장면, 토론과 공격은 그리스군 측에서도 일어난다. 아가멤논은 진영을 돌며 부하들을 칭찬해 사기를 높여준다. 그의 행위는 제우스와 비슷하다. 아가멤논이 부하들을 격려한 것은 어떤 특별한 반응을 일으키기 위해서였다. 전쟁을 끝내자는 제우스의 놀림조 제안도 사실은 두 여신의 특별한 반응을 유도하기 위한 것이었다. 아가멤논은 사열 과정에서 부하 투사 개개인의 개성을 평가한 후 그것을 바탕으로 부하들을 비판하거나 칭찬한다. 사열 과정이 끝나자, 〈일리아드〉 최초의 대규모 전투가 시작된다.

문학적 장치 신들의 토론 장면과 아가멤논이 진영을 돌며 격려하는 장면에는 뚜렷한 차이점이 있다. 신들의 경우는 의사결정이 거의 장난 같다. 제우스는, 결국은 전쟁이 재개될 것임을 미리 알면서도 헤라와 아테나를 조롱하고 도발해 운명을 전쟁

쪽으로 흘러가게 만든다. 그에 비해, 아가멤논이 그리스군 진영을 돌며 사기를 진작하고 전투 준비를 시킨 것은 제우스처럼 여유를 부리며 한 일이 아니다. 바로 생사의 기로, 개인과 집단의 생사 여부가 달린 절박하고도 진지한 임무였다.

판다로스가 메넬라오스를 저격한 사건은 소홀히 넘어갈 대목이 아니며, 이 서사시에서 결정적인 순간이다. 그가 화살을 쏘지 않았다면 전쟁은 끝날 수도 있었다. 그 행위의 중요성을 강조하려고 호머는 활과 궁술에 관해 장황할 정도로 상세히 묘사한다. 이런 식의 무기에 대한 설명은 〈일리아드〉와 〈오디세이〉 모두에 흔하게 나온다. 이 수법은 후세의 서사시에서도 동원된다. 게르만 민족의 서사시 〈베어울프〉에 나오는 칼에 관한 긴 역사 이야기가 그 예다.

〈일리아드〉의 유머는 대부분 신들과 연관되어 있지만 이따금은 인간, 그 중에도 특히 네스토르와 관련되는 경우가 많다. 그러나 제4권에서는 메넬라오스의 부상에 대한 아가멤논의 반응이 재미나다. 아가멤논은 피를 보자 자기 동생이 치명적인 부상을 입었다고 생각하고, 긴 추도사와 복수의 맹세를 한다. 그 연설의 결론에서, '죽은 영웅 메넬라오스를 남겨 두고 우리만 빈 배로 돌아갈' 듯하다는 말을 한다. 그러자 메넬라오스가 연설을 제지하며 자기는 중상을 입지 않았다고 밝힌다. 동생에 대한 걱정은 순수했지만 지나쳤던 것이다.

〈일리아드〉를 처음 읽는 독자는 전투 장면의 생생한 묘사에 놀라지만 그 사실성(寫實性)은 호머의 기법 중 일부에 불과하다. 그는 개개인의 상처나 죽음을 실감나게 묘사하면서도 전투에 관해서는 정형화된 묘사들뿐이다. 즉, 기존의 구비문학적 표현 일색이다. 판에 박힌 묘사들의 예를 보면, "전쟁의 함성이 지축을 흔들었다", "질풍처럼 달려가 상대의 무기를 빼앗았다", "그의 사지(四肢)를 찢었다" 따위다.

제 5 권

  디오메데스의 무용(武勇)

대혼란 속에 전투가 계속된다. 양편에서 많은 무용을 발휘한다. 이 특별한 날의 전투에서 가장 뛰어난 투사는 디오메데스였다. 아테나 여신이 그에게 보기 드문 용기와 무술을 주었던 것이다.

용맹스런 그리스의 투사 디오메데스는 판다로스에게 부상을 입자, 아테나에게 도움을 청한다. 아테나는 그에게 다시 용기를 주고, 신과 인간을 구별할 수 있는 특별한 능력까지 내리면서 아프로디테를 제외하고는 어떤 신과도 대적해서 싸우면 안 된다고 경고한다.

디오메데스는 전선으로 돌아가 트로이군을 물리친다. 그는 판다로스를 비롯해 많은 트로이군을 죽이고, 아프로디테 여신의 아들 아이네아스에게도 부상을 입힌다. 아이네아스의 멋진 말을 전리품으로 챙긴 디오메데스가 막 아이네아스를 죽이려 하는 순간, 아프로디테가 아들을 구출하러 내려온다. 아프로디테의 참견에 화가 난 디오메데스가 그녀에게 덤벼들어 손에 부상을 입힌다. 아프로디테는 눈물을 흘리며 올림포스 산으로 도망쳐 어머니 디오네에게 위로를 청한다. 사태가 이렇게 돌아가자 제우스가 화를 내며 아프로디테에게 전쟁은 그녀의 소관인 사랑과는 다른 분야이므로 전쟁터에는 얼씬거리지도 말라고 엄명을 내린다. 그 동안, 아폴로는 아이네아스를 페르가모스 신전의 안전한 곳으로 옮긴다.

이때 무자비한 전쟁의 신 아레스가 트로이 군인들 틈에 끼어들어 부하들을 규합하는 헥토르를 돕는다. 아레스의 도움으로 헥토르와 트로이

군은 다시 반격을 시도한다. 디오메데스와 그 밖의 영웅들이 이끄는 그리스군은 한동안 점령지를 사수한다. 그러나 피비린내 나는 전투가 진행될수록 아레스의 강력하고도 야수적인 힘에 밀린 그리스군은 점차 본진 쪽으로 후퇴할 수밖에 없는 상황에 처한다.

이번에는 제우스의 허락을 얻은 헤라와 아테나가 아레스를 제지해 그리스인들을 도우러 날아간다. 트로이의 평원에서 헤라는 그리스인들에게 새로운 힘을 불어넣어주고 아테나는 부상당한 디오메데스를 전쟁터로 돌려보내면서 아레스를 포함해 어떤 신도 겁내지 말라고 말한다. 용기백배해서 말을 달려 전투에 돌입한 디오메데스가 아레스의 배에 창을 꽂는다. 아레스는 고통과 분노의 비명을 지르며 전쟁터를 벗어나 올림포스 산으로 달아난다.

제우스를 찾아간 아레스는 자신이 당한 모진 수모에 항의하지만 이 전쟁의 신은 제우스에게서 아무 동정도 얻어내지 못한다. 제우스는 그가 워낙 말썽쟁이인데다가 잔인하기 때문에 사랑하지 않는다면서, 너는 신이니 그 정도 상처는 곧 나을 것이라고 말한다. 그때, 헤라와 아테나도 올림포스 궁전으로 올라온다. 그리스군과 트로이군의 전쟁은 가열된다. 그러나 이제는 양편 어느 쪽에도 신들의 개입이 없는 그들만의 싸움이다.

아리스테이아는 한 마디로 어떤 투사가 최고의 실력을 발휘한 전투라고 정의할 수 있다. 〈일리아드〉에서는 많은 등장인물들이 아리스테이아를 갖는다. 제5권은 디오메데스의 아리스테이아이다.

제5권은 이따금 디오메디아, 즉 디오메데스 편(篇)이라
고도 불리는데, 이 권은 그 나름의 특성을 유지하고 있
다. 아마도 호머는 그리스의 영웅 디오메데스의 공훈을 읊은
이 독립적인 음유시를 개작해 〈일리아드〉의 일부로 포함시켰
던 것 같다. 디오메데스의 무용에 관한 긴 설명은 〈일리아드〉
의 주된 줄거리와는 직접적인 관련이 거의 없으므로 대폭 줄
이거나 생략해도 되었겠지만, 몇 가지 예술적 기능은 발휘하
고 있다. 디오메데스는 무용, 의협, 용기, 신들의 호감 면에서
아킬레스와 어깨를 나란히 할 만한 인물이지만 아킬레스와는
구별된다. 그는 언제나 예의바르고 자제력이 있으며, 아가멤
논과 논쟁할 때도 공손함을 잃지 않는다. 디오메데스는 아킬
레스와 대비되는 영웅 모델이다. 따라서 디오메데스와의 비교
를 통해, 전쟁이 한창일 때 군대를 철수시킨 아킬레스의 행위
를 평가할 수 있다. 디오메데스라고 해서 메넬라오스를 위해
싸워야 할 이유가 아킬레스보다 특별히 더 많았던 것은 아니다.
아가멤논이나 아킬레스에 비하면, 그가 받은 전리품은 보잘것
없다. 그러나 전쟁이 발발하고 임무가 부여되자 디오메데스는
타의 추종을 불허할 정도로 열심히 싸운다. 반면 아킬레스는
그의 장막에 앉아 있을 뿐이다. 덧붙이자면, 디오메디아는 〈일
리아드〉에서 처음으로 가장 인상적이고도 상세한 전투장면을
묘사하고 있다. 아킬레스가 빠진 상태에서 벌어진 개인 사이

의 결투를 다룬 장면 묘사 또한 그러하다.

디오메데스의 영웅적 쾌거로 제5권에서 정점에 달했던 그리스군의 승리는 점진적으로 퇴락해 두 가지 재앙으로 귀결된다. 하나는 아가멤논의 화해시도(제9권)를 아킬레스가 거부하는 것이고, 다른 하나는 트로이군이 그리스군의 함대 보호용 방벽을 돌파하는 것이다.(제12권)

훗날 로마인들은 이 권에 등장하는 트로이 영웅 가운데 아이네아스를 자기네의 전설적인 조상이라고 주장하고, 버질은 서사시 〈아이네이드〉에서 그를 주인공으로 등장시킨다. 〈아이네이드〉는 로마의 건국 역사를 연대기적으로 서술하고 있다.

이 권에서는 아프로디테도 트로이 편향성을 드러내면서 전투에 참가한다. 그녀는 그리스 편인 헤라나 아테나와 대립되는 입장이다. 아프로디테는 파리스가 자기를 가장 아름다운 신으로 골라줬기 때문에 트로이 편에 섰지만 표면상으로는 아들 아이네아스를 구하기 위해 등장하는 것으로 되어 있다.

신들이 전투에 가담하는 것은 그리스 신들의 의인적 성격을 말해 주는 예다. 다시 말해, 그들은 인간의 모습을 하고 있으며, 감정 및 기타 속성도 인간과 같다. 아프로디테가 전투에 참여한 동기는 명백히 아들에 대한 염려와 트로이 편향성 때문이다. 제우스는 신들을 전쟁에서 떨어져 있게 하려고 애쓰지만 자주 실패한다.

제 6 권

 가장 헥토르

전투가 계속된다. 이젠 더 이상 신들이 개입하지 않지만, 그리스군이 트로이군을 밀어붙이고 있다. 트로이를 멸망시키려는 열의에 불타는 그리스군은 학살을 자행하고, 약탈도 멈추지 않는다.

점쟁이 헬레노스가 헥토르에게 트로이로 돌아가 왕비를 비롯한 왕족 여인들을 시켜 아테나 여신의 신전에 제사를 올려 신을 진정시키라고 권유하자, 트로이군이 퇴각한다. 헥토르가 이 제안을 지혜롭다고 인정한 것이다. 그가 트로이 성으로 돌아가자 전쟁은 일시 소강상태가 된다.

한편, 메넬라오스가 자비를 베풀려 하는데도 아가멤논은 메넬라오스가 잡아온 트로이군 포로 아드레스투스를 죽이라고 명령한다. 휴식중인 양측 군대 사이의 공터에서 개인 결투할 도전자를 구하던 디오메데스와 글라우코스는 결투에 앞서 서로 가계를 통성명하다가 할아버지 대에서 양가가 친구지간이었음을 알게 된다. 이럴 경우, 쌍방은 영웅들의 규약에 따라 친구관계를 유지해야 한다. 그들은 앞으로의 전투에서는 싸우지 않기로 약속하고, 우정의 징표로 갑옷을 교환한다. 이 교환은 디오메데스에게 이익이었다. 그의 청동 갑옷은 소 아홉 마리 값인데, 글라우코스의 황금 갑옷은 소 100마리 값이었기 때문이다. 두 사람은 친구로서 헤어진다.

트로이 성으로 돌아온 총사령관 헥토르는 어머니 헤쿠바에게 아테나 신전에서 제사를 지내도록 하고는 전쟁터에서 사라진 동생 파리스를 찾아 나선다. 그는 헬렌과 그녀의 몸종과 함께 집 안에 숨어 있던 파리스를

발견하고 동생의 무책임함을 엄히 꾸짖는다. 파리스는 잘못을 인정하고 다시 싸우러 나갈 준비를 한다. 헥토르는 아내와 아들을 돌아보러 집으로 간다.

그는 그의 안부를 걱정하며 전쟁터가 내려다보이는 성벽에 올라가 있는 아내 안드로마케와 어린 아들 아스티아낙스를 발견한다. 안드로마케는 헥토르에게 더 이상 목숨을 위태롭게 하지 말라고 호소한다. 그녀의 아버지와 형제자매 모두가 아킬레스의 손에 죽었으니, 이제는 헥토르가 그녀의 전부다. 그녀는 헥토르에게 자기와 어린 자식을 불쌍히 여기라고 간곡하게 말한다.

수심에 찬 헥토르는 안드로마케에게 걱정을 털어놓으면서, 명예와 의무 또한 생각하지 않을 수 없다고 말한다. 자기도 마음속으로는 트로이가 언젠가 망할 운명임을 알지만, 어쨌건 군인인 동시에 왕자로서 막중한 책임이 있으며, 자기가 죽고 나라가 망한 뒤에 사랑하는 아내와 자식이 어떤 운명에 처할지 걱정스럽지만 인간은 신들의 의지를 바꿀 수가 없다는 것이다. 이런 말을 남긴 헥토르는 안드로마케와 아스티아낙스에게 입을 맞추고 집을 나선다. 성 문에서 파리스와 합류한 헥토르는 동생을 데리고 전쟁터로 돌아간다.

　　제5권에서 시작된 전투가 제6권으로 이어진다. 시의 전체 구조상 전투는 함대와 도시 성벽 사이에서 세 차례의 대규모 군사적 이동으로 이루어진다. 이 세 차례의 이동은 제15, 16, 17권에서 트로이군이 그리스 함대에 불을 지르고, 파트로클로스가 죽고, 아킬레스가 전쟁에 다시 뛰어들기로 결정하면서 종료된다.

　　제6권에서는 냉혹함에서 부드러움으로, 야만성에서 명예로움으로 인간의 마음이 움직이는 것이 확연히 드러난다. 첫 머리에서는 야만성이 보인다. 아가멤논은 메넬라오스에게 포로 아드레스투스를 죽이라며 이렇게 말한다. "젖먹이라 해도 그 어미의 품에 두지 말고, 달아나지 못하게 하라." 아가멤논은 전쟁중인 적에게는 어떤 인간적 동정도 베풀지 않는다.

　　아가멤논의 야수성은 글라우코스와 디오메테스의 우정과 대비된다. 이들은 맞대결 과정에서 두 집안이 선조 대에서 유대를 맺은 사이임을 알고, 우정을 맹세할 뿐만 아니라 갑옷을 교환해 입기까지 한다. 갑옷 교환은 특별한 의미를 갖는다. 갑옷은 곧 그 인물의 신원증명이고, 이를 교환했다는 것은 인물 자체의 교환을 상징하기 때문이다. 이 예에서 호머는 전쟁이 오직 살육만을 의미하는 것이 아니며 우정의 유대를 맺어주기도 한다는 것을 보여준다.

문학적 장치 이어서 호머는 더 위대한 전시(戰時) 휴머니즘을 묘사한다. 트로이 성으로 돌아간 헥토르는 먼저 병사들의 아내를 만난다. 여기서 독자들은 모든 병사들이 도시 안에 각자 가정을 가진 가장들임을 상기하게 된다. 마찬가지로 헥토르가 어머니 헤쿠바를 만나는 장면에서 이 서사시에 등장하는 누구에게나 친족과 사랑하는 가정이 있으며, 그런 사랑과 친족의 유대가 전쟁 때문에 다년간 단절된 상태였음도 떠올린다. 제6권의 장면들은, 제2권에서 그리스 병사들이, 귀국 이야기가 나오자 어째서 그렇게 앞다투어 배로 달려가 대혼란을 일으켰는지 충분히 납득하도록 해준다.

인물 탐색 안드로마케를 만나기 전에 헥토르는 파리스와 헬렌을 만난다. 헥토르가 파리스에게 분노하는 것은 당연하다. 파리스와 헬렌은 헥토르를 비롯한 모든 트로이 남편들이 나가 싸우게 만든 전쟁의 원인제공자들인데, 정작 그 둘은 침대에 자빠져 있지 않은가. 책임감 강한 헥토르와 무책임한 파리스가 극명한 대조를 이룬다.

이 대조는 헬렌의 모호한 수작으로 계속되지만 헥토르는, "나더러 곁에 앉으라 말하지 마시오, 헬렌"이라는 말로 거절한다. 헥토르는 헬렌의 유혹조차 자제하고 물리친다.

주제 탐색 제6권의 끝은 헥토르와 안드로마케, 갓난 아들 아스티아낙스의 상봉 장면이다. 평론가들이 이 장면을 가장 감동적으로 생각한다. 전쟁에서 집으로 돌아온 투사. 잠시 전쟁을 잊고 아들이 노는 광경을 보며 아내와 이야기를 나눈다. 헥토르의 가족은 모든 병사의 가족을 대표한다. 전쟁이 없었으면 그들의 생활이 어떠했을까? 여기서 헥토르는 또 한 번 아킬레스와 완벽하게 대비된다. 헥토르는 집과 가족이라는 사랑의 환경 속에 있다. 아킬레스는 스스로 소외되어 외톨이로 자기 막사에서 화를 내고 있다. 아킬레스는 위험하고, 헥토르는 인간적이다. 사실, 호머는 헥토르와 아킬레스를 통해 두 가지의 서로 다른 전형을 제시한다. 둘 다 위대한 투사이고 죽을 운명이지만, 각기 전혀 다른 가치체계를 대표한다. 아킬레스는 투사이고, 헥토르는 가장이다. 아킬레스는 오직 자신의 영광과 명예를 위해 싸우는 개인적 가치의 표상이다. 반면, 헥토르는 친구, 가족, 가정, 국가, 나아가 문명 전반을 생각하는 보다 큰 공동체적 가치를 대변한다.

인물 탐색 그러나 호머는 헥토르와 아킬레스가 한 가지, 즉 그들은 싸울 것이고 명예를 위해서라면 죽음도 불사한다는 점에서는 똑같다는 것을 분명히 하고 있다. 가정, 가족, 평화.

헥토르에게는 이것이 전부인데도 죽음을 알면서도 명예가 요구하기 때문에 전쟁터로 되돌아간다. 파리스조차 자신의 명예가 거론되자 헬렌을 떠날 마음이 생긴다. 마찬가지로, 후에 아킬레스 역시 죽을 줄 알면서도 전쟁에 합류한다. 그의 명예가 재참전을 요구한다고 느끼기 때문이다. 헥토르와 아킬레스는 거의 모든 면에서 가치관이 대립되는 인물이지만 가장 깊은 동기 측면에서 궁극적으로 같다. 둘 다, 영웅의 궁극적인 명예는 전투에서 죽는 것이라는 규범에 찬성표를 던진 것이다.

제 7 권

  헥토르 대 아이아스

헥토르와 파리스가 트로이군에 다시 합류하고 전투가 재개된다. 살육이 계속되자 아테나와 아폴로는 대규모 희생을 막기 위해 양측 장수의 일 대 일 결투를 벌이게 해서 그날의 전투를 끝내기로 한다. 이 결투로 시간을 끌면 자연히 양측은 그날 전투를 끝낼 것이라고 계산한 것이다.

그리스군은 제비뽑기를 한 결과 아이아스가 뽑혀 헥토르와 싸우게 된다. 두 사람은 무시무시한 결투를 벌이지만 어느 쪽도 상대를 제압하지 못한다. 마침내 날이 어두워지고 이 두 사람은 양측 전령들에 의해 소환된다. 둘은 서로 상대의 용맹성을 존경하는 뜻에서 기념품을 교환하고 헤어진다.

그날 밤, 양 진영은 각자 투사의 무사귀환을 자축하는 향연을 벌인다. 그리스군 진영에서는 네스토르가 전사자들을 장사 지내기 위한 짧은 휴전을 갖고, 이 기간을 이용해 함대 수비용 참호와 방벽도 축조하자고 제안한다.

같은 날 밤, 트로이군 진영에서는 귀족 안테노르가 헬렌을 메넬라오스에게 돌려보내자고 제안한다. 파리스는 그 제안을 거부하고, 헬렌의 전 재산에다가 자기 재산 일부를 더해 메넬라오스에게 보상금으로 지불하겠다고 말한다. 헥토르의 아버지인 늙은 현자 프리암은 사신을 보내 이 제안을 아가멤논에게 전하면서 트로이도 전사자들을 매장해야 하니 잠시 휴전을 하자고 의견을 구한다. 그리스군은 파리스의 제안은 거절하고 휴전에는 동의한다.

이튿날 아침, 양측은 전사자들의 시신을 수습해 장례식을 치른다. 올림포스 산에서 열린 회의에서 제우스는 이제는 트로이 전쟁을 종식시킬 생각이며 누구든 어느 쪽을 편드는 간섭행위를 하면 엄벌에 처하겠다고 경고한다. 그러나 아테나가 그리스군에 대한 자문을 허락해 달라고 하자 이를 받아들인다.

제7권과 제8권은 거의 전부 전투 이야기다. 제7권은 헥토르와 아이아스의 결투가, 제8권은 새로 전개된 짧은 전투가 주 내용이다. 헥토르와 아이아스의 결투는 전형적인 개인 대 개인 결투로서, 여러 개의 작은 에피소드로 구성된다. 어느 결투에나 이런 에피소드들이 들어 있지는 않지만 너무나 상투적이어서 적어도 그것들을 인용하는 동안만은 시인은 머리를 쥐어짜내지 않아도 되었을 것이다.

싸우기 전에 결투자는 자신의 가문을 자랑하고 상대방을 조롱하곤 한다. 이런 대화는 오늘날의 격투기 스포츠 적수끼리 떠드는 '기선 제압' 입씨름과 다를 게 없다. 언쟁으로 시작된 결투는 본격적인 무술 대결로 들어가 창을 찌르고 피하는 세부적인 동작으로 이어진다. 어느 일방이 부상을 입으면 시인은 해부학적 용어를 써가며 사실적으로 묘사한다. 정확한

사인도 밝힌다. 때로는 승자가 시체를 딛고 기쁨의 함성을 지
를 때, 밑에 깔린 패자가 죽어가며 유언을 남기기도 한다. 승
자는 죽은 자의 갑옷을 벗겨 제 것으로 삼는다. 이는 패자의
신원을 승자가 인수함을 상징한다. 제17권에 보면, 파트로클
로스가 입고 있던 아킬레스의 갑옷을 헥토르가 벗겨 입는 대
목이 나온다. 마지막으로, 승자는 쓰러진 투사의 시체를 훼손
하거나 모독하기도 하고, 기분이 내키면 적에게 돌려주기도
한다.

제 8 권

제우스, 트로이를 돕다

아침이 오자 트로이군은 성 밖으로 나와 그리스군과 접전을 벌인다. 제우스는 근처 이다 산에서 전투를 관전하며 그날의 승리를 트로이군에게 주기로 결정한다. 격렬한 전투가 이어지면서 그리스군은 결국 들판에서 밀려나며 혼란에 빠진다. 지휘관들도 대부분 도주한다. 늙은 네스토르는 디오메데스의 용기에 힘입어 간신히 헥토르의 창을 피한다.

트로이를 광적으로 증오하는 헤라는 포세이돈에게 함께 그리스를 돕자고 청하지만 포세이돈은 거부한다.

헥토르는 동에 번쩍 서에 번쩍 용감하게 싸우며 부하들을 독전한다. 헤라와 아테나가 개입할 조짐을 보이자 눈치를 챈 제우스가 전령 이리스를 시켜 이미 발표한 경고를 반복한다. 여신들은 할 수 없이 올림포스로 돌아간다. 그 바람에 그리스군은 결국 함대 수비용 방벽선까지 후퇴하게 된다.

헥토르는 트로이군에게 그 자리에서 야영하라고 명령한다. 혹시라도 밤중에 그리스군이 배를 타고 달아나는 것을 막고, 이튿날 아침 일찍 공격하기 위한 조치였다. 이를 위해 트로이군은 성에서 보급품을 운반해 온다. 트로이군의 야영장 불길이 그리스군의 방벽 바로 앞에서 피어오른다.

제8권에서는 테우케르*라는 그리스인이 아이아스의 방패 뒤에 숨어서 활을 쏘아 트로이군을 죽인다. 다른 전투 방식과 비교하면 불명예스런 행위로 보인다.

활과 화살을 이용하는 테우케르의 전투 방식은 〈일리아드〉에서는 보기 드물다. 판다로스와 메리오네스 등 궁수가 없는 것은 아니지만, 궁술은 아마도 리키아 같은 몇몇 그리스 왕국에 한했던 것 같다. 〈오디세이〉에서 오디세우스가 활을 재어 여러 제소자(提訴者)들을 쏘아 죽이는 것으로 보아 궁술은 이타카에서도 실용적인 무기였을 수 있다.

비평가나 해설자들 다수가 제8권의 말미에 나오는 아름다운 직유를 거론한다. 이 대목에서 호머는 그리스군의 야간 감시 횃불을 하늘의 별 같다고 표현한다. 이 대목은 동트기를 기다리며 서 있는 말들의 모습으로 끝을 맺는데, 그 평화로움은 제7권, 8권에서 일어났던 모든 전투의 야만성과 대비되며, 그리스인들의 낙천주의를 암시하기도 한다. 제8권에서 그들은 트로이군에게 심하게 압박을 받고 있는데도 횃불 주변의 평온함은 패배 걱정 따위와는 거리가 멀다.

---

* **티우케르**(Teucer): 테우크로스라고도 한다. 트로이 주변의 소왕국 트로아드를 다스림.

제 9 권

 사절단 파견

참패한 그리스군은 사기가 완전히 땅에 떨어진다. 자신만만하던 왕 아가멤논조차 그날 밤 군사총회에서 눈물을 흘린다. 그는 전쟁에 졌으니 고국으로 돌아가자고 말한다. 기가 죽은 부하들은 이 말에도 침묵으로 일관한다. 디오메데스가 벌떡 일어나 왕에게는 왕의 책임을, 군사들에게는 그리스군의 영웅적인 유산을 상기시킨다. 그리고는 "모두 돌아가도 좋다"며, 자기 디오메데스만은 혼자 남아서라도 싸움을 계속하겠는데, 트로이는 반드시 멸망할 운명의 나라이기 때문이라고 사자후를 토한다. 이 용감한 선언에 군사들은 자신감을 되찾고, 네스토르의 권유에 따라 방벽에 보초를 세운 다음 각자의 막사로 돌아가 저녁을 먹고 잠자리에 든다.

막료회의가 열리고 늙은 네스토르가 의장을 맡는다. 그는 지금의 난국은 아킬레스가 없기 때문이라고 아가멤논의 주의를 환기시킨다. 왕은 자기가 불민해 그 위대한 투사를 모욕했다고 시인한다. 그는 아킬레스가 전투에 다시 참여하면, 브리세이스를 돌려줄 뿐만 아니라 값진 선물을 많이 내리겠노라고 제안한다. 사절단이 이 소식을 가지고 단단히 삐져 있는 영웅에게 급파된다.

아킬레스는 아이아스와 오디세우스 등 사절단을 극진히 환대하지만, 아가멤논의 제안은 거부한다. 자기는 사거나 팔거나 하는 물건이 아니며, 세상 그 무엇도, 설사 이집트의 부를 전부 준다 해도 아가멤논이 행한 공개적인 모욕을 보상할 수 없다. 따라서 그는 전투에 다시 참가하지 않을 것이며, 이튿날 아침 부하들과 배를 타고 고국으로 돌아가겠다고 말한다. 그의 결의는 철석같았다.

다시 그리스 진영. 아가멤논은 사절들로부터 아킬레스의 막사에서 일어난 일을 보고받자 몹시 낙담한다. 디오메데스가 일어나 운집한 병사들에게 아킬레스처럼 고집불통이고 잘난 척하는 인물에게 호소하는 것 자체가 잘못이라며, 내일부터 가능한 모든 수단을 준비해서 트로이의 공격으로부터 함대를 지키자고 말한다. 모두가 이에 동의하고 신들에게 신주(神酒)를 올린 후 각자 막사로 돌아간다.

비평가들은 제9권을 짤막한 웅변 교범이라고 부른다. 그리스인들은 웅변을 무술 능력과 같은 수준의 기술로 생각한다. 상대방의 기를 꺾는 연설은 투사가 갖춰야 할 자질의 하나라는 것이다. 포이닉스는 아킬레스에게 웅변술의 중요성을 일깨워준 그의 스승이다. 오디세우스는 연설을 잘하기 때문에 불패의 투사 아킬레스 못지않게 존경받는다.

아킬레스를 찾아간 사절단 가운데 위대한 웅변가인 오디세우스가 먼저 아킬레스에게 호소한다. 그의 연설은 비록 짤막하지만 고전적인 웅변의 양식을 따른 것이다. 그는 아킬레스를 칭찬하는 것으로 시작한다. 그래야 아킬레스가 일단 듣기라도 할 것이기 때문이다.

그 다음, 오디세우스는 아킬레스에게 그리스군의 심각한 상황을 설명한다. 그는 상황설명을 하면서 아킬레스가 전쟁터로 돌아가야 할 애국론을 전개한다.

그리고 나서 도덕적으로 아킬레스의 아버지 펠레우스가 아들에게 성질을 자제하라고 말한 사실과 아가멤논이 제시한 여러 가지 실질적 보상을 열거한다. 이때 오디세우스는 현명하게도, 자기가 아킬레스보다 한 수 위라는 아가멤논의 거만한 말은 전하지 않는다.

마지막으로는 다시 애국론으로 돌아가 아킬레스에게

그리스인을 구원함으로써 개인적인 명예와 영광을 달성하라고 촉구한다.

 사절단의 제안에 대한 아킬레스의 거부반응은 너무나 즉각적이어서 경솔하다고 느껴질 지경이다. 이 순간은 〈일리아드〉의 중요한 전환점이다. 지금까지는 아가멤논이 워낙 잘못했기 때문에 아킬레스는 공감을 얻을 수 있었다. 그러나 아킬레스가 그에게 제시된 명예로운 조건을 거절하는 것은 손상된 자존심 외에는 아무것도 안중에 없다는 이야기이고, 그의 도덕적 균형이 무너졌음을 의미한다. 아킬레스의 입장대로라면 아가멤논을 완벽하게 비하하는 것 외에는 그 무엇도 아킬레스를 만족시킬 수가 없는데, 그것은 불합리하고도 있을 수 없는 요구 아닌가? 아킬레스의 복수욕은 그의 판단을 흐려 놓았고, 친구에 대한 신의를 저버리게 했으며, 그가 그토록 귀하게 여기던 기사도적 명예 규범을 스스로 깨뜨린 결과가 되고 말았다. 이는 아킬레스가 영웅의 명예 규범을 공공연하게 부인한 셈이고, 격정가이자 싸움꾼으로서의 적나라한 모습을 보여주는 순간이라고 할 수밖에 없다.

그러나 어떤 비평가들은 이 에피소드를 다르게 해석한다. 아킬레스가 사절단의 제안을 거부하는 것은 심리적·도덕적으로 정당한 일이라고 믿는다. 왜냐하면 아킬레스는 아가멤논이 내놓는 어떤 선물도 필요 없기 때문이다. 그는 화해하고 전선에 복귀하면 얼마 후 죽는다는 것을 알고 있다. 더욱

이 ─ 이 점이 특히 더 중요한데 ─ 아가멤논이 과거에 그의 선물(브리세이스)을 느닷없이 빼앗아갔는데, 앞으로 똑같은 짓을 또 저지르지 말라는 보장도 없지 않느냐는 것이다.

어느 견해를 취하건 간에, 이 사건 후에 아킬레스의 친구 파트로클로스의 죽음이 이어진다. 그런데 그 죽음은 아킬레스가 옳건 그르건 자유의지로 명예로운 화해를 거부한 후의 일이므로, 그에게 책임이 있다.

제9권에 나오는 다른 연설들도 그리스의 고전적 웅변의 형식을 따른다. 오디세우스는 이성에 입각해서 논지를 폈지만, 그 뒤를 이은 포이닉스는 도덕을 들먹이며 충고한다. 마지막으로 아이아스가 감정적인 어조로 설득을 시도한다. 그런데 아킬레스에게 그나마 조금이라도 영향을 준 것은 아이아스뿐이었다.

끝으로, 제9권 앞머리에서 늙은 군인 네스토르는 아가멤논에게 하는 발언에서, 결정을 내려야 하는 왕은 충고를 경청할 의무가 있다고 말한다. 네스토르의 이 말은 수백 년 후 다시 울려 퍼져서, 소포클레스의 〈안티고네 *Antigone*〉에서 크레온으로 하여금 "훌륭한 왕은 충고를 경청하여야 한다"고 말하게 한다. 그러나 네스토르의 충고에도 불구하고 아가멤논 왕은 그렇게 하지 못하고, 그 결과 곤경에 빠지고 만다. 또 한 가지, 아가멤논은 비평가들 간에 이견이 분분한 연설을 통해 자신이 광기나 미망에 사로잡혀 아킬레스에게서 브리세이스

를 빼앗는 과오를 범했다고 고백하는데, 이는 햄릿이 제5막에
서 레어티스에게 그의 아버지 폴로니어스를 죽인 것을 사과하
는 장면과 흡사하다. 햄릿은 광기 때문에 폴로니어스를 죽였
다고 인정하는데, 이는 아가멤논이 제9권에서 하는 연설과 본
질적으로 많이 닮았다.

제 10 권

 오디세우스의 첩보전

아가멤논은 그리스군의 앞날이 걱정스러워 잠을 이루지 못한다. 그는 한참을 뒤척이던 끝에 자리에서 일어나 참모진을 깨운다. 늙은 네스토르가 밤의 어둠을 틈타 트로이 진영으로 첩자를 보내자고 건의한다. 행운이 따른다면, 이 작전으로 적의 군사력이나 향후 계획을 알 수 있을 터이다.

디오메데스가 적 후방을 염탐하러 가겠다고 자원하면서 동행자로 오디세우스를 지명한다. 두 사나이는 무장을 갖춘 후 출발한다. 그들은 양 진영 사이 어디쯤에서 헥토르가 그리스 진영을 살피러 보낸 트로이군의 첩자 돌론을 사로잡는다. 그들은 해치지 않을 것을 약속하고 돌론으로부터 헥토르와 그의 참모들이 있는 곳, 트로이 동맹군 각 단위부대에 관한 주요 정보, 트로이군 진영의 경비 상황 등을 알아낸다. 그런 후, 디오메데스는 약속을 어기고 이 트로이 첩자를 죽여버린다. 두 그리스 영웅은 드라케에서 온 트로이 동맹군 부대가 진영 외곽에서 잠들어 있으며 경비도 허술하다는 것을 알고 습격해 살육을 감행하다가 아폴로의 제지를 받는다.

그리스 진영으로 돌아온 두 사람은 목욕의식을 거행한다.

　돌로네이아(돌론 편)라고도 불리는 제10권은 제9권의 연설장면들과 제11권부터 18권까지 이어지는 전투 장면 사이의 다리 역할을 한다. 제10권은 전쟁의 다른 측면, 즉 첩보전 이야기다. 그리스군의 오디세우스와 디오메데스, 그리고 트로이군의 돌론이 등장하는 이 에피소드는 살육, 고상함과 명예가 잔인함과 대립적으로 짝을 이루는 전투의 속성을 잘 보여준다. 제10권에서 일어나는 사건들에는 그 폭력성과 잔인성을 정당화할 고상함이나 명예가 없다. 적진 속에서 오디세우스와 디오메데스가 벌이는 살육전에는 양심의 가책 같은 것이 없다. 후에 중세기에 들어와 단테는 이 대목에 주목해 디오메데스와 오디세우스를 〈신곡〉의 「지옥편」 제26곡에서 제8옥의 여덟째 구렁, 악의 모사꾼들이 빠지는 곳에다 집어넣었다. 그들이 돌론을 속이고 죽인 데 근거한 것이었다.

　제10권 말미에서 디오메데스와 오디세우스가 바닷물에 목욕을 하는데, 이것은 그들이 행한 밤의 더러운 작업을 신체적·정신적으로 정화하는 의식을 상징한다고 볼 수 있다. 사실, 제10권에서 일어난 사건들은 종종 '더러운 작업'이라고 불린다. 호머가 두 사람의 기만적인 돌론 살해행위를 천하고 부도덕한 짓으로 보는 것은 그들이 돌론을 죽이고 잠자는 트로이군을 도륙하고 돌아와서 역설적으로 정화의식을 거행하는 장면을 강조하는 데서 분명하게 나타난다. 이처럼 계속 작은 사건을 커다란 문제로 연결시키는 예가 호머의 완벽한 예술적 수완을 증명한다고 볼 수 있다.

　　제10권의 끝부분에서, 잠자는 트로이군의 대학살을 더 이상 참고 볼 수 없었던 아폴로는 트로이군의 한 장교 히포콘을 깨운다. 앞에서는 아테나가 오디세우스와 디오메데스를 도왔지만, 이번에는 아폴로가 트로이를 도운 것이다. 이처럼 신들이 인간사에 개입하는 일이 반복되는 것은 그리스 신들의 의인적 성격을 강조하는 것이고, 차원은 다르지만 이 두 집단―신과 인간―의 관심이 비슷하다는 것을 보여준다. 하지만 신들의 개입 이면에는 운명이 있고, 운명은 신조차도 바꿔놓을 수가 없다. 아폴로는 돌론을 구출할 수가 없고, 트로이가 결국은 전쟁에서 패하는 것을 막지 못한다. 신들은 전쟁에서 나름대로 편을 들지만, 그들에게도 일정한 한계가 있는 것이다.

제 11 권

 아가멤논의 무용

아가멤논이 그리스군을 이끌고 전투를 시작한다. 처음에는 그들이 우세해 트로이군을 성 문까지 밀어붙이지만 이내 아가멤논을 비롯한 그리스군 지휘관들의 부상이 계속되자 후퇴한다. 트로이군은 빼앗긴 땅을 탈환하면서 그리스군에게 큰 타격을 입혀 사상자가 속출한다.

한편, 아킬레스는 전투 상황을 살펴보고 있지만, 기분을 밝힐 처지는 아니다. 동료 장군들이 위기에 처했지만, 스스로 전쟁에서 발을 빼놓고 이제 와서 도우러 나설 수는 없는 노릇이다. 그러니 그저 답답할 뿐. 상처받은 자존심을 만회할 시기가 다가오고 있다는 예감에 일말의 위안을 얻는 그는 파트로클로스를 네스토르에게 보내 상황을 알아보게 한다. 직접 네스토르를 만나 그리스군의 운명에 관심을 가지고 있다는 속내를 드러내기는 싫었기 때문이다.

노장 네스토르는 파트로클로스에게 과거 전투의 회고담까지 곁들여 가며 그날의 상황을 자세히 설명하고, 아킬레스가 트로이군과의 대결에 다시 나서도록 설득해 달라고 말한다. 그리고 만일 설득이 안 되면, 파트로클로스라도 아킬레스의 갑옷을 입고 전쟁에 참여해 주기를 간청한다. 트로이군은 아킬레스의 갑옷을 보면 아킬레스가 아가멤논과의 분쟁을 결말짓고 전선에 복귀한 것으로 생각할 테고, 이 전술 하나만으로도 하루쯤은 충분한 효과가 있을 것이란 이야기다. 감동을 받은 파트로클로스는 아킬레스의 막사로 돌아간다.

제1권부터 8권까지는 아킬레스의 분노가 정당성이 있어 보인다. 그러나 제9권에서 아킬레스가 건방지게 아가멤논의 보상 제안을 거부하는 대목부터는 독자들의 생각이 달라진다. 아킬레스의 분노는 더 이상 도덕성을 갖지 못하고, 그저 어린애 같고 무의미해 보인다. 반대로 그 이전까지는 나약하고 거만해 보이기만 하던 아가멤논이 제11권에서는 위대한 투사이자 지휘자로 변모해 있다. 제11권은 말하자면 아가멤논의 아리스테이아이다. 그는 전장을 누비며 장엄하게 싸운다. 제11권에서 호머는 〈일리아드〉의 두 번째 구조적 물결 — 제9권에서 18권까지 — 로 들어간다. 여기서는 아킬레스가 그릇된 자로, 아가멤논이 옳은 자로 나온다.

제11권에 나오는 몇 건의 중요한 전투 가운데 디오메데스가 파리스에게 부상당하는 사건이 있다. 파리스가 쏜 화살이 디오메데스의 발에 맞은 것이다. 이 사건은 파리스의 활솜씨를 보여주고, 아킬레스의 죽음을 예고한다. 파리스는 후에 아킬레스의 발뒤꿈치를 쏘아 그를 죽게 만든다.

네스토르는 제11권에서도 유머러스한 인물로 묘사된다. 전쟁터에서 그는 부상당한 의사 마카온을 돕는다. 그는 위험을 벗어나자, 둘이 앉을 자리를 마련하고 지난날을 회고하기 시작한다. 주변에서 다시 전투가 벌어지는데도 네스토르는 이야기에만 열중한다. 수다스런 늙은이들이 모두 그렇듯, 그는 옛 영웅들을 회고하며 그들이 오늘날의 영웅들보다 우월했다고 주장한다. 네스토르는 단지 코믹한 인물에만 그치지 않는다. 그의 언행은 모두 다른 이야기들과 중요하게 연관되어 있지만 태도나 행동이 너무나 정형적이고 상투적이어서 우스꽝스러운 느낌을 갖지 않을 수 없다.

끝으로, 제11권에는 〈일리아드〉의 중요한 전환점이 들어 있다. 아킬레스는 파트로클로스를 보내 마카온의 부상이 어느 정도인지 알아보게 한다. 이 행위는 아킬레스가 전쟁의 추이에 관심이 크다는 것과 그가 곧 전쟁에 다시 참여하는 쪽으로 사건이 전개됨을 미리 슬쩍 내비친 것이다. 아울러 아킬레스가 파트로클로스의 참전을 허락해 결과적으로 그를 죽음에 한 발짝 다가가게 하는 이야기 전개를 위한 사전 포석이라고 할 수 있다.

제11권은 죽은 자를 매장하는 그리스의 장례문화를 보여주는 대목이기도 하다. 오디세우스는 소쿠스를 죽인 후, 그 시체를 조롱한다: "네 아비도 어미도 / 죽은 네 눈을 감기지 못하리라. / 절규하는 독수리가 / 부리로 네 눈을 파내고, 날개로 네 몸을 치리라!" 그리스인들은 시체를 매장하지 않으면 그 혼이 안식을 취하지 못하고 영원히 떠돈다고 믿었다. 이런 믿음은 소포클레스의 〈안티고네〉에서도 크레온이 오이디푸스의 아들 폴리네이케스의 시체를 매장하지 못하도록 하는 장면에 나타나 있다. 호머가 오디세우스에게 살인 이상의 행위—그는 소쿠스에게 영원한 고통과 슬픔의 저주를 퍼붓는다—를 하도록 만드는 것은 전쟁의 공포를 강조하기 위함이다. 이런 기법은 끝부분에 가서 아킬레스가 헥토르의 시체에 대해 오디세우스보다 더 악랄한 짓을 하는 데서 거듭 나타난다.

제11권 말미에는 켄타우르* 가운데 하나인 케이론에 관한 이야기가 나온다. 신화에 따르면 케이론은 아킬레스와 헤라클레스를 가르친 스승이다. 〈신곡〉「지옥편」에서 단테는 케이론을 살인폭력의 죄인들을 벌하는 '피의 강'을 지키는 경비원으로 배치해 놓았다. 그러나 아킬레스는 피의 강에 배치하지 않고 프리암의 딸 폴리세나를 탐했다는 이유로 제2옥 '육욕범 수용소'에 집어넣은 것은 이상하다.

---

* **켄타우르**(Centaur)： 반인반마의 모습을 한 괴물의 총칭.

제 12 - 15 권

수세에 몰린 그리스군

트로이군이 계속해서 맹렬한 공격을 퍼붓자, 그리스군은 방벽 뒤로 후퇴해 몸을 숨겨야 했다. 얼마 후, 트로이군은 전차를 타고서는 그리스군의 해자를 건널 수 없음을 깨닫고 도보로 공격을 계속한다. 뒤이어 피비린내 나는 육박전이 벌어진다.

그런데 갑자기 발톱에 독사를 움켜 쥔 독수리들이 트로이군 상공을 날았다. 트로이군 지휘관 포울리다마스는 그것을 불길한 징조로 해석하고 헥토르에게 후퇴를 건의하지만 받아들이지 않는다. 트로이군의 공격은 계속되었고, 몇 차례 실패 끝에 드디어 그리스군의 방벽이 무너졌다. 거대한 돌로 방벽의 문을 열어젖힌 헥토르와 부하들은 방벽 안으로 쇄도한다. 겁에 질려 후퇴한 그리스군은 배로 올라가 숨는다.

헥토르의 트로이 군대를 그리스군 함대까지 진격하게 해준 제우스는 느긋해져서 다른 일에 신경을 쓰기로 한다. 그러나 그가 한눈을 파는 사이 포세이돈이 그리스인들을 돕기 시작한다. 그는 칼카스로 변장하고 그리스군 대오 속에 잠입해 계속 전투를 독려한다.

잔혹한 전투가 계속되는 가운데 늙은 네스토르는 아가멤논, 디오메데스, 오디세우스를 찾아내는데, 모두가 부상당해 누워 있다. 네스토르는 그들에게 대책을 세워보자고 재촉한다. 아가멤논은 그리스군의 패배는 하늘의 뜻이라 어쩔 수 없으니 군대를 후퇴시켜 배에 태워 바다로 도망가자고 한다. 그러나 오디세우스는 그건 명예롭지 못할 뿐만 아니라 위험한 생각이라며 반대한다. 적의 공격을 받는 상황에서 배를 타고 출항하는 것은 대단히 어려운 일이며, 트로이의 승리를 거들어주는 결과가 된다는 것이다. 그들은 부하들 속에 섞여 각자의 부대원들에게 전투를 독려하기로 결의한다.

올림포스 산에 있는 헤라는 바다의 신 포세이돈이 그리스인들을 돕는다는 사실을 알아채고, 제우스를 한눈 팔게 만들어 포세이돈이 마음 놓고 그리스군을 지원할 수 있도록 계략을 꾸민다. 그녀는 가장 아름다운 옷을 입고 아프로디테의 마술 허리띠를 빌려 맨 다음, 제우스가 앉아 있는 이다 산으로 날아간다. 제우스는 아내의 매력에 압도되고 헤라는 쉽사리 남편을 유혹한다. 사전 계획에 따라 잠의 신이 주술을 걸어 제우스를 잠들게 한다.

제12권은 '방벽 편(防壁 篇)'이라고도 불린다. 트로이 군은 이 편에서 처음으로 대승을 거두며, 호머가 아킬레스를 재투입하기 위한 명분 쌓기 역할을 한다. 제12권은 방벽이 장차 포세이돈에 의해 완전히 파괴될 것이라는 설명으로 시작된다. 인간의 창조물은 영원한 것이 없음을 보여주는 예다. 방벽의 미래에 대한 시구들은 인간 긍지의 덧없음을 노래한 셸리[*]의 시 "오지만디아스"[**]를 생각나게 한다. 이 두 작품 모두 인

---

[*]　**셸리**(Percy Shelly. 1792-1822): 영국의 낭만파 서정시인.

[**]　**오지만디아스**(Ozymandias): 이집트의 가장 강력한 파라오였던 람세스 2세의 그리스식 칭호. 이스라엘 백성들의 출애굽을 막기 위해 엄청난 건축물을 많이 지었다.

간이 이룩한 성과는 자연의 압도적인 힘에 비하면 아무것도 아님을 이야기하고 있다.

제12권에서 처음 등장한 포세이돈은 제13권에서 더 큰 역할을 한다. 포세이돈은 훈계조의 연설로 그리스인들을 선동한다. 제13권 초반에 나오는 이 연설은 전형적인 전쟁 서사시의 단면을 보여주며, 그리스 문화에서 웅변이 얼마나 중요한지를 강조한다. 제9권의 연설들이 투사의 웅변술을 보여주는 데 비해 제13권에서는 신들이 투사로서만이 아니라 웅변가로서도 위대함을 보여준다.

제13권의 마지막 대목에서는 크레테 왕 이도메네우스가 중요한 투사로 등장하고, 전쟁이 절정을 향해 치달음에 따라 전투 장면들도 점점 치열해진다. 이 권에서는 늙은 이도메네우스가 트로이군의 공격을 저지함으로써 그의 아리스테이아를 떨친다.

제14권은 그리스군 함대 곁에서의 전투를 계속 그리지만, 새로운 요소, 즉 제우스의 속임수가 추가된다. 몇몇 평론가들은 이 권이 〈머리카락을 훔친 자〉* 같은 훗날의 의서사시** 를 미리 선보인 것이라고 평가한다. 의심의 여지없이, 호머는

---

* 〈**머리카락을 훔친 자**〉 *The Rape of the Lock*: 영국의 시인이자 비평가인 A. 포프(Alexander Pope. 1688-1744)의 시.

** **의서사시**(擬敍事詩): 하찮은 이야기나 주제를 서사시처럼 고상하고 심각한 문체를 써서 풍자적 효과를 낸 일종의 풍자시.

앞서 나온 치열한 전투의 긴장으로부터 잠깐 휴식을 취하기 위해 이 코믹한 요소를 도입하고 헤라와 제우스의 막간희극으로 이어지게 한 것이다. 헤라는 제우스를 유혹하는데, 말 그대로 신의 제왕인 제우스의 뜻을 거슬러 포세이돈이 트로이군을 공격하도록 돕자니 여간 조심스런 일이 아니었다.

제우스가 헤라를 유혹하는 방법은 사랑과 성의 역사에서 극히 특이한 유형 가운데 하나일 것이다. 자신의 성적 편력을 늘어놓아서 제 아내를 유혹하려 한다는 것은 재미있는 구애법이다.

헤라에게 유혹당한 제우스는 그만 잠이 들어버린다. 이야기는 전쟁터로 돌아가는데, 이상하게도 그리스군은 서로 갑옷을 바꿔 입는다. 이 대목은 자주 논란을 일으킨다. 어떤 이들은 이것을 그리스군 투사들이 정체성을 혼합하는 것을 의미한다고 하고, 또 어떤 이들은 이해할 수 없는 기괴한 행위일 뿐이라고 한다. 그러나 "최고의 자가 최고를 입고, 최하의 자가 최하를 입었다"는 구절로 보건대, 혈전을 앞두고 무술이 높은 투사일수록 좋은 갑옷을 입게 하려고 그랬던 것이 아닌가 짐작된다. 그렇다면, 이는 투사들의 식별이 가능하도록 계급화시킨 것임이 분명하다.

끝부분에 가서 포세이돈은 그리스군을 전투로 이끈다. 그리스군이 문자 그대로 배수의 진을 치고 전투에 나섰음을 보여주는 비장한 대목이다.

　제15권은 트로이군의 두 번째 대공세를 다룬다. 그리스군의 반격에 잠이 깬 제우스는 자신의 지도권을 주장하며 어느 신도 방해하지 말라고 명한다. 제우스는 아가멤논과 직접적인 대조를 이룬다. 제우스에 비하면 어림도 없는 아가멤논의 지도력은 빈번하게 의문의 대상이 되고 가끔 도전을 받는다.

　제우스는 이 권에서 전쟁이 어떻게 전개될지를 미리 설명한다. 호머의 관객은 이 서사시가 한창 진행중인데 그 결과를 미리 죄다 알게 된다. 흥미로운 수법이다. 호머는 독자들을 재미있게 하려고 애써 줄거리에 의존하지 않아도 된다. 불가피한 결말을 향해 도도히 진행되는 사건들을 보는 그 자체가 독자들에게는 이미 큰 즐거움이기 때문이다. 많은 그리스 문학 작품들이 그러하듯, 독자를 끄는 힘은 무슨 사건이 일어났느냐가 아니라, 작가가 소재를 어떻게 다루느냐에 달려 있다.

　이 권에서는 아킬레스의 전우 파트로클로스가 주인공이다. 파트로클로스는 전투에 다시 참가하라고 아킬레스를 설득하지만 실패하자, 자기만이라도 참전하겠다며 아킬레스의 허락을 받는다. 아킬레스와 파트로클로스의 토론은 아킬레스가 자신의 거취에 갈등을 느끼고 있음을 보여준다. 그 역시 동참하고 싶은 마음은 굴뚝같지만 자신의 맹세와 자존심에 얽매여 그럴 수가 없다. 이상하게도 아킬레스는 점점 근대적인 인물, 소외된 반(反)영웅처럼 보인다. 그는 모든 사람들로부터 고립되어 있고, 강요받기 전까지는 아무 행동도 하지 못한다.

아폴로는 헥토르에게 전선으로 돌아가라고 격려한다. 다시 한 번 신들이 인간들에게 영감을 불어넣는다. 상징적으로 전쟁의 신이 자연력을 발휘해 인간들을 전쟁으로 몰아간다. 그 결과, 지친 심신으로 일선에서 물러나 있던 헥토르가 원기를 회복해 앞으로 진격한다.

제 16 권

  파트로클로스의 무용

함대 주변에서 그리스군이 악전고투하고 있을 때, 파트로클로스는 아킬레스에게 자기가 아킬레스의 갑옷을 입고 그의 군대 미르미돈족을 이끌고 참전하게 해달라고 간청한다. 그 요청을 받고 아킬레스가 망설이는 중에 함대에서 불길이 치솟으며 트로이군의 대승 소식이 전해진다. 아킬레스는 어쩔 수 없이 허락한다. 파트로클로스와 미르미돈족은 기뻐하며 무장을 갖춘다. 인사말을 하고 제우스에게 제물을 바친 아킬레스는 파트로클로스에게 참전하더라도 함대를 구출하는 정도 이상은 하지 말도록 주의를 준다. 그 이상 트로이를 공격하면 죽을지도 모른다는 것이다.

트로이군은 아킬레스가 마침내 자기들에 대한 분노를 폭발시키기로 결심하고 전쟁에 동참했다고 오인하고 공포에 질린다. 무장을 잘 갖춘 새 부대 미르미돈족이 그리스군에 합류하자 트로이군은 곧 우세를 잃는다. 헥토르와 그의 부하들은 트로이 성쪽으로 달아난다.

파트로클로스는 헥토르와 그의 군대를 추격해 트로이 성벽까지 몰아붙인다. 그는 그곳까지 가면서 여러 차례 영웅적인 승리를 거두며, 일격에 트로이 장수 아홉을 죽이는 등 거의 신 같은 무용을 발휘한다. 헥토르의 협력자 아폴로는 이 사태를 방치할 수 없다. 아폴로가 뒤로 다가가 파트로클로스의 등을 힘껏 내리치니 면갑을 두른 투구가 떨어져 구르고, 창이 부러지고, 방패가 땅에 떨어진다. 뜻밖의 일격에 충격을 받고 혼미해져 간신히 서 있는 파트로클로스의 두 어깨 사이를 한 트로이 병사가 창으로 공격한다.

　파트로클로스는 힘겹게 피하려 하지만 이 모습을 본 헥토르가 창으로 아랫배를 찌른다. 파트로클로스가 쿵 소리를 내며 쓰러지자, 그리스군은 대경실색한다. 그는 헥토르에게 자기를 정복한 것은 그가 아니고, 신들과 '죽을 운명'이라고 기어들어가는 목소리로 말한다.

　　이 에피소드는 아킬레스의 비극적 이야기의 두 번째 전환점이다. 그는 치명적인 결정을 내리게 되고, 그로 인해 사르페돈, 파트로클로스, 헥토르, 그리고 자기 자신까지 죽게 되면서 필연적으로 트로이의 멸망이 뒤따른다. 이 권에 나오는 사르페돈과 파트로클로스의 죽음은 비감한 어조로 쓰여 있다. 이후 이러한 어조는 마지막 부분까지 독자들이 동정심을 가지고 보던 인물들이 죽을 때마다 동원된다. 아킬레스는 여전히 마음의 갈등으로 괴로운 상태였다. 영혼의 고상한 측면은 그리스 친구들을 도우라고 촉구하지만 강박적인 명예욕은 아가멤논의 완전한 수치와 전 그리스군이 자신의 가치를 인정하기를 요구하며 마음속에서 대립한다.

　　그런 상태에서 파트로클로스가 변장 계획을 제안하자 아킬레스는 좋은 해결책이라고 생각한다. 막판에 몰린 그리스 함대를 지킬 수 있고, 그리스인에 대한 도덕적 의무도 지키는 셈이 되는 것이다. 더불어 자기가 직접 나서는 것이 아니므로 권위가 손상되는 일도 아니다. 그러나 이 다목적 해결책은 뒤이어 일어나는 모든 비극의 원인이 된다. 아킬레스는 자기 함대가 위기에 처하지 않는 한 전투에 참가하지 않겠다고 맹세한 바 있다며, 변장계획을 승인한 것을 애써 합리화하지만, 사실은 그렇게 말한 적이 없다. 다시 말해, 분별력을 상실한 아킬레스는 현 상황을 제대로 평가하지 못하고 있는 것이다.

이 권에서 아킬레스의 군마들이 소개되는데, 이는 고대 전쟁에서 말의 중요성을 잘 보여준다. 호머는 등장인물처럼 이 말들의 족보도 설명한다.

아킬레스는 술잔을 들어 제우스에게 특별한 기도를 올린다. 방패와 창이 그렇듯이, 술잔 역시 아킬레스만 사용하는 특별한 물건이다. 물론 파트로클로스를 위한 기도였다. 독자들은 제우스가 파트로클로스의 전투 승리를 허락하지만, '다치지 않고 안전하게 귀환하는 것'은 보장하지 않음을 금방 눈치 챌 수 있다. 나중에 제우스는 운명을 뒤바꿔 그의 아들 사르페돈을 살릴 생각을 하지만, 헤라가 이렇게 말한다. "맘대로 하세요, 제우스 님… / 하지만 불사의 신들 어느 누구도 당신을 칭송하지 않을 걸요." 이 말은 제우스의 운명 통제 능력은 인정하지만, 이미 선포된 운명은 신도 인간과 마찬가지로 받아들여야 한다는 것을 분명하게 암시한다. 운명을 함부로 고치면 더 나쁜 결과가 일어날 수 있기 때문이다.

제 17 권

: 줄거리

메넬라오스의 무용

메넬라오스는 적으로부터 파트로클로스의 시체를 지키려 하지만, 결국은 헥토르에게 쫓겨난다. 트로이군 사령관 헥토르는 파트로클로스의 시체에서 아킬레스의 아름다운 갑옷을 벗겨내 자신의 갑옷 위에 덧입는다. 그 직후 파트로클로스의 시체 쟁탈전이 벌어진다. 트로이군은 파트로클로스의 시체를 트로이로 끌고 가서 토막 내어 그리스군에게 경고용으로 쓰려 하고, 그리스군은 시체를 수습해 엄숙한 장례를 치르려 한다. 양측의 뛰어난 투사들이 이 쟁탈전에 참가한다. 두 명의 신, 아테나와 아폴로도 끼어든다. 싸움이 계속되는 동안 헥토르는 아킬레스의 말을 생포하려 들지만 말들은 그리스군 진영으로 돌아간다. 마침내 그리스군이 파트로클로스의 시신을 탈환해 아군 진영으로 안전하게 운반한다.

: 풀어보기

드디어 제17권에서 독자들은 메넬라오스의 아리스테이아를 보게 된다. 트로이 전쟁은 메넬라오스의 아내가 납치되면서 일어난 전쟁이다. 그런데도 메넬라오스는 지금까지 형 아가멤논에 가려 단역에 불과했다. 그러다가 제17권에서야 겨우 투사로서의 모습을 보이지만 여기서도 호머는 그를 축소시키는 직유를 계속 사용한다. 그는 송아지를 보호하는 암소로, 이 권 말미에서는 파리에 비유된다. 메넬라오스는 대체로 동정심을 사는 인물로 표현되어 있지만, 그로 인해 다른 그리스 영웅들보다 어딘가 모자라는 인물처럼 보인다.

아킬레스의 말들은 죽은 파트로클로스를 찾아 울부짖는다. 호머는 이 대목을 통해 자연조차 파트로클로스의 죽음을 애도했다는 것을 나타냈다.

제17권의 대부분이 전투를 묘사하는 데 비해, 헥토르가 아킬레스의 갑옷을 입기로 결심하는 장면은 매우 암시적이다. 트로이의 가장 위대한 전사인 그가 이런 행동을 하는 것은, 자신이 아킬레스와 동등하다고 애써 주장하는 것처럼 보인다. 나중의 사건들에서 이 행위는 죄받을 오만임이 드러난다. 이 권에서 헥토르와 아이네아스는 다시 물밀듯이 진격하지만 이 승리는 트로이의 종말이 시작됨을 뜻할 뿐이다.

아이아스는 날쌔게 창을 피하는데, 이 창에 스케디우스가 찔려 죽는다. 〈일리아드〉에는 이렇게 위험을 모면하는 것이 생각지도 않은 불행한 죽음으로 이어지는 경우가 여러 차례 나오기 때문에 이 장면은 진부한 감이 없지 않다.

호머 시대의 그리스인들은 장례의식을 치르지 않으면 죽은 자가 사후세계에 들어가지 못한다고 믿어, 시체를 화장해 그 재를 땅에 묻고 봉분을 만들었다. 파트로클로스의 시체 쟁탈전이 벌어진 것은 그런 믿음 때문이다.

제 18 권

오열하는 아킬레스

파트로클로스가 죽었다는 소식을 전해 들은 아킬레스는 눈물을 흘리면서 머리칼을 쥐어뜯고 몸을 땅에 부딪치며 슬퍼한다. 아들이 애통해 한다는 소식을 들은 어머니 테티스가 위로하러 온다. 테티스는 아킬레스가 파트로클로스의 원수를 갚으면, 그가 죽게 된다는 점을 지적한다. 그렇지만 아킬레스는 어머니의 경고에도 불구하고, 위험을 감수하는 쪽을 선택한다. 그만큼 파트로클로스를 사랑했던 것이다. 그러자 테티스는 헥토르에게 빼앗긴 갑옷 대신 헤파이스토스 신에게 부탁해서 새 갑옷을 마련해 주기로 약속한다.

한편, 그리스군은 파트로클로스의 시체를 탈환하기는 했지만 트로이군의 추격에 쫓긴다. 그러자 아킬레스가 (헤라의 권고에 따라) 그리스군의 해자에 나타나 무시무시하게 큰소리로 전쟁의 함성을 지른다. 이 힘찬 함성에 간담이 서늘해진 트로이군은 겁에 질려 퇴각한다.

아킬레스는 전우의 주검을 보자 슬픔이 극에 달한다. 모든 그리스군이 아킬레스와 함께 애도에 빠진다. 아킬레스는 헥토르를 죽일 것이며 파트로클로스의 화장용 장작더미 위에 트로이 장수 열두 명의 주검을 함께 불태우겠다고 맹세한다. 그 동안 파트로클로스의 시신이 깨끗이 씻겨져 아킬레스의 막사에 안치된다.

그날 밤, 트로이군의 긴급 참모회의가 열린다. 그 자리에서 포울리다마스는 성으로 돌아가 머물면서 총안(銃眼)을 갖춘 성벽을 이용해 그리스군의 공격을 막아내자고 제안한다. 아킬레스가 전쟁터에 돌아왔으므로 탁 트인 들판에서 싸우는 것은 너무나 위험하다는 게 그의 판단이다. 헥토르는 이 충고를 귀담아 듣지 않고 거부하면서 오히려 들판에 머물 것을 고집했고, 그의 의견이 우세했다.

올림포스 산에서 테티스는 대장간의 신 헤파이스토스를 찾아간다. 그녀는 그날 전쟁터에서 일어난 일들을 상세히 얘기한 다음, 아들에게 새 갑옷을 만들어달라고 부탁한다. 헤파이스토스는 아킬레스를 위해 신비스럽고 아름다운 새 갑옷과 방패를 만들어준다. 방패만 해도 대단한 걸작이다. 다섯 겹에다가 표면에는 황도(黃道) 12궁의 표지와 전시와 평화시의 인간 활동을 그려 넣은 두 도시의 조각상이 새겨져 있다. 테티스는 헤파이스토스에게 감사한 후 완성된 갑옷을 가슴에 안고 아들에게 달려간다.

테티스는 아킬레스에게 파트로클로스의 원수를 갚으면 죽게 된다며, 마지막으로 다시 한 번 운명의 선택을 다짐받는다. 아킬레스는 죽음을 알면서도 복수계획을 실천하는 쪽으로 결정한다. 파트로클로스는 그의 가장 절친한 친구로서 자신의 일부나 다름없었으니, 그를 죽였다는 것은 어떤 의미로 자신에게 직접 공격을 가한 것과 똑같다. 아킬레스는 파트로클로스의 죽음을 자기 탓으로 여겼기 때문에 트로이군은 물론 자신에게도 몹시 화가 나 있었다. 그는 트로이군, 특히 트로이군의 지도자이자 트로이라는 저항세력의 상징인 헥토르에게 분노를 토함으로써, 자신의 죄의식과 비탄이 누그러지기를 바란다.

아킬레스는 모든 면에서 보통 인간보다 뛰어나지만 특히 감정의 용량이 큰 인물이다. 그의 분노, 슬픔, 그리고 앞으로 벌어질 전쟁터에서의 공훈 등, 모든 것들이 바야흐로 초인적인 형태로 실현될 찰나다. 헤파이스토스가 그에게 신성한 갑옷을 만들어준 것은 부분적으로 이 점을 상징한다. 비극의 클라이맥스가 다가오고 있는 것이다.

:풀어보기

제18권은 세 부분으로 되어 있다. 첫째, 아킬레스가 파트로클로스의 죽음 소식을 듣고 비탄에 빠지고, 테티스가 아들을 위로하러 내려오는 대목. 이 부분은 후에 일어날 아킬레스의 죽음에 대한 전주곡이기도 하다. 둘째는 중간의 긴 대목으로, 아킬레스가 해자로 가서 파트로클로스의 시체를 회수해 온다. 셋째는 새 갑옷을 만드는 대목이다.

문학적 장치 여러 평론가가 지적하는 바에 따르면 제18권의 첫 부분은 아킬레스의 죽음을 묘사하듯 쓰여진 글이라고 한다. 아킬레스는 파트로클로스의 얼굴과 몸에 재를 붓는다. 네레이드*들이 아킬레스를 둘러싸고 장례식장의 조문객들처럼

---

* **네레이드**(Nereid): 바다의 요정.

운다. 테티스는 죽어서 관가(棺架)에 누워 있는 아들의 시체를 어루만지는 엄마처럼 아킬레스의 머리를 어루만지며 서 있다. 이 장면의 묘사는 현재, 아니면 장차 있을 아킬레스의 죽음을 표현한 듯한 착각을 일으킬 정도다.

전쟁터로 돌아가면 죽는다는 가장 중요한 사실과 더불어, 이 장면에서 또 하나의 운명론적 요소는, "나는 살 의욕을 잃었다"는 아킬레스의 말이다. 아킬레스는 애초의 분노를 여기서 접고 아가멤논과 화해를 예정하지만, 두 번째 분노를 시발시킨다. 이 분노는 프리암과 화해에 도달한 뒤에야 진정된다.

제18권 중간의 긴 대목에서 아킬레스는 그의 존재를 알리는 고함을 질러 트로이군을 공포에 질리도록 만들어 파트로클로스의 시신 탈환을 돕는다. 아킬레스의 등장에 놀란 트로이군은 긴급 참모회의를 연다. 그러나 이 회의는 포울리다마스가 아니라 헥토르의 제안을 따르기로 결정하는 큰 과오를 범한다. 포울리다마스는 헥토르와 같은 날 밤에 태어난 인물이므로, 헥토르의 상징적인 분신에 해당한다. 아킬레스가 자신의 행위를 통해 스스로 죽음에 다

가가듯, 헥토르는 자신의 잘못된 판단에 의해 죽음으로 다가
간다.

제18권의 마지막 부분은 헤파이스토스가 아킬레스를
위해 만든 방패를 묘사한다. 이 대목의 방패 이야기는 여담이
지만, 헥토르가 아킬레스의 갑옷을 빼앗아 갔으므로 이런 내
용이 있는 것이 정당화된다. 이런 식으로, 호머는 언제 어디서
나 원하는 사설을 풀 수 있도록 〈일리아드〉의 구조를 만들어
놓았다. 방패 묘사를 통해 호머는 세계를 그려낸다. 방패에 그
려진 원 하나하나가 호머가 알거나 상상했던 고전 세계의 단
면들이다. 어떤 의미에서는 방패가 전쟁의 전부이기도 하다.

제 19 권

 : 줄거리

분노를 씻다

　　새 갑옷을 받은 아킬레스는 그리스군의 총회를 소집한다. 회의에서 그는 이제 아가멤논과의 분쟁은 끝났으며, 자신은 전쟁에 다시 참가할 준비가 되어 있노라고 선언한다. 군인들이 환호하며 기뻐한다. 아가멤논이 일어서서 아킬레스의 복귀를 환영한다. 그는 불화가 일어날 당시 제우스에 의해 눈이 멀고 지혜를 빼앗겼다고 하면서, 아킬레스에게 보상으로 브리세이스는 물론이고 다른 선물도 많이 주겠노라고 말한다.

　　아킬레스는 그 제안을 받아들이면서도 선물보다는 트로이군을 공격하는 데 더 관심이 많다. 그는 군이 즉시 작전에 돌입할 것을 요구한다. 오디세우스는 아킬레스의 열정에 공감하지만 군인들이 몹시 지쳐 있고 배가 고프므로 다시 싸우러 가기 전에 원기를 회복할 시간이 필요하다고 지적한다. 아킬레스는 기다리기로 한다. 그는 군인들에게 마음껏 먹으라면서 자기는 파트로클로스의 복수를 할 때까지 금식하겠노라고 선언한다.

　　그리스군이 다시 싸울 준비가 갖추어지자, 아킬레스는 찬란한 새 갑옷을 입는다. 그리고는 전용 전차에 올라 지휘할 준비를 갖춘다. 그는 먼저, 파트로클로스를 죽게 내버려두었다며 그의 말들을 꾸짖는다. 말 가운데 한 마리가 대답한다. 파트로클로스의 죽음은 자기들 잘못이 아니라 아폴로와 운명 때문이라고 하면서 아킬레스가 필경 전쟁터에서 죽게 될 것이라고 예언한다. 아킬레스는 그 저주는 이미 알고 있으며, 아무도 자기를 막지 못할 것이라고 단언한다. 이어서 그는 엄청나게 큰 전쟁 함성을 지르며 전쟁터로 말을 달린다.

〈일리아드〉 내내 아킬레스는 극단의 존재다. 절대 감정과 절대 반응의 인간. 그런 그가 아가멤논과는 화해를 했으므로, 파트로클로스의 죽음에 대한 복수 열정에는 이전에 보여주었던 이기적인 욕망의 성급함과 강렬함이 고스란히 옮겨와 있다. 그는 먹는 것, 쉬는 것 따위의 인간적 번잡함을 초월해 일종의 우주적인 존재로 변신했다. 이제는 목적 달성을 위해 신이건 인간이건 모든 반대자들을 쓸어버릴 영웅의 원형이 된 것이다.

아킬레스의 첫 번째 분노를 해소시키는 화해와 두 번째 분노를 실행하기 위한 준비 행위들이 제19권에서 일어난다. 다시 말해, 제19권은 두 부분으로 되어 있다. 앞은 아가멤논과 아킬레스의 화해, 뒤는 아킬레스의 전쟁준비다.

전반부에서는 아가멤논과 아킬레스가 화해함으로써, 〈일리아드〉의 첫머리에서 발생했던 사건이 마침내 종결된다. 바꿔 말하면, 아킬레스는 그리스 군대의 일원으로 되돌아가고, 아가멤논은 그리스 연합군의 지휘권을 도전받지 않는 지도자의 지위를 되찾는다. 아가멤논은 아킬레스에게 사과하는 것이 여간 계면쩍지가 않았던 모양으로, 그의 태도, 연설, 생각에서 명백하게 드러난다. 예를 들어, 그는 아킬레스의 이름을 직접 거명하는 일이 없고, 자기 행위에 대한 직접적인 책임을 가능한 한 피하려 한다. 브리세이스를 취하기로 한 결정을 설명하면서 "악마가 나를 그렇게 하도록 시켰다"고 말한다. 그런데 아가멤논이 실제로 사용한 단어는 '악마'가 아니라 '아테'*였다. 아테는 모든 종류의 비이성적인 행위를 변명할 때 쓰는 만능의 그리스어로서, '미망'으로 번역하는 것이 보통이다. 뿐만 아니라 자기 행위의 책임을 자기외적(自己外的)인 힘에다 떠넘기는 짓은 〈일리아드〉에서 반복해서 나오는 신들의 행위 — 자기가 직접 하지 않고 인간에게 시키거나 영향력을 행사하는 행위 — 와 유사하다. 따라서 아가멤논의 발언은, 신들이란(이 경우는 아테 여신) 곧 인간의 마음을 대신 표현한 상징이라는 심리학적 견해를 뒷받침하는 예가 된다. 다시 말해, 아가멤논은 자신의 비이성적 행위를 그를 미망에 빠뜨린 어떤 소리의 탓으로 돌리고 있는 것이다.

그리스군 진영에서 열린 화해회의에서 나온 또 하나의 재미난 단면은 오디세우스와 아킬레스 사이에 벌어진 음식에 관한 가벼운 언쟁이다. 아킬레스는 전투 전에 그리스군이 배불리 먹어야 한다는 주장을 일축하며, "나는 식욕이 없다"고 말한다. 오디세우스는 군인이 싸우려면 충분히 먹어야 한다는 극히 현실적인 생각을 가지고 반론한다. 역사상, 전투에서의

---

* **아테**(ate): 미망(迷妄). 아테는 신과 인간을 온갖 나쁜 일로 이끄는 충동 · 미망 · 우행 · 광기를 상징하는 여신.

승리는 적절히 먹어 전쟁터에서 지속적으로 버틸 수 있는 편
에 유리했다. 〈일리아드〉의 등장인물을 성격 측면에서 보면,
오디세우스는 논리적인 인물이므로 당연히 군사들이 전투 전
에 먹고 원기를 새롭게 해야 한다고 주장한다. 일부 평론가들
은 이 대화의 극적인 목적을 거론하며 이 대화로 인해 극의 진
행이 지연되는 것을 흠으로 지적한다. 그러나 이 토론으로 노
하기 잘하는 투사 아킬레스와 실천적인 재간꾼 오디세우스의
차이점이 더 분명하게 드러나지 않는가? 후일담이지만, 아킬
레스는 전투중에 죽고, 긴 고난의 여정을 거치지만 그래도 고
국에 돌아온 인물은 오디세우스였다.

　　제19권의 후반부에서는 아킬레스가 전투를 위해 무장
을 갖춘다. 아킬레스가 갑옷을 입는 장면에서 호머는 외로움
의 이미지를 강조하고 있다. 그는 찬란히 빛나는 갑옷을 바다
에 비치는 달빛이나 산기슭 양치기의 화톳불 빛으로 비유한다.
화해를 했음에도 불구하고 아킬레스는 여전히 다른 자들과 격
리된 외로운 자인 것이다.

끝으로, 아킬레스가 말과 전차를 준비하면서 말을 쓰다
듬자 말은 주인이 전투에서 전사할 것이라며 주인의 주
의를 환기시킨다. 말이 말을 한다는 것은 전혀 의외의 일로서,
흔히 나오는 신들의 간섭 이야기를 제외하면 〈일리아드〉에 거
의 나오지 않는 초자연적 현상이다. 어떤 평론가들은 이 대목
을 아킬레스의 독백이라고 분석하기도 한다. 어쨌건 말의 말

은 아킬레스의 임박한 죽음을 예고하는 것이며, 그의 운명적
인 감정을 더욱 강렬하게 만든다. 호머가 직접 그 예고를 하지
않고 말의 입을 빌린 것은, 잠시 작가의 입장에서 물러나 국외
자로 하여금 아킬레스의 참전 결정의 의미를 평가하게 한 것
이다. 말의 말이 끝나자마자 아킬레스는 전쟁 함성을 지르고,
그의 두 번째 분노가 시작된다.

제 20 권

 신들의 전쟁

그리스군과 트로이군이 전투를 벌이려고 집결하는 동안, 제우스는 신들의 총회를 소집한다. 신들이 모두 모이자 제우스는 각자 마음에 드는 쪽을 공개적으로 응원해도 좋다고 허락한다. 그 이유는 아킬레스가 너무 강해 자칫하면 운명이 정해 놓은 그의 한계를 넘어버릴 염려가 있기 때문에 그걸 막기 위해서였다. 그러자 헤라, 아테나, 포세이돈, 헤르메스, 헤파이스토스는 즉시 그리스군을 도우러 떠나고, 아레스, 아폴로, 아르테미스, 아프로디테는 트로이군 쪽으로 날아간다.

처절한 전투가 시작된다. 아킬레스가 아이네아스를 죽이려는 찰나, 포세이돈이 그를 구출한다. 포세이돈이 그를 구한 것은 그가 프리암 가문의 유일한 생존자로 운명 지어져 있기 때문이다. 그러나 아킬레스는 포세이돈의 간섭에도 기가 꺾이지 않고 전투를 계속해 트로이인들을 학살하면서 전쟁터를 휘젓는다. 무수한 트로이 전사들이 그의 손에 죽는다.

제20권은 제21, 22권으로 넘어가기 위한 일종의 간주곡 역할을 한다. 제21, 22권은 헥토르의 죽음을 정점으로 하는 아킬레스의 아리스테이아이다. 제20권 첫머리에서 열린 신

들의 회의는 제21권까지 계속되는 그리스편의 신들과 트로이편의 신들의 전투를 위한 복선이다.

제20권에서 가장 논쟁을 불러일으키는 부분은 아이네아스에 관해서다. 오늘날 아이네아스가 유명해진 것은 〈아이네이드〉 때문이다. 〈아이네이드〉는 호머의 작품을 모델로 해서 버질이 쓴 서사시다. 아이네아스는 〈일리아드〉의 초반에 등장하지만, 제20권에 이르기 전까지는 역할이 미미하다. 이 권에서 그가 돌출하는 것은 일종의 극적 우회로서, 아킬레스와 헥토르의 대결로 가는 뜸들이기 과정이다.

포세이돈은 아이네아스는 전투에서 살아남아야 한다고 예언한다. 포세이돈의 예언은 버질 때문에 호머가 의도했던 것보다도 훨씬 위대한 이유로 실현된다. 그는 살아남아서 세계 문학의 위대한 서사시적 영웅 가운데 하나가 된다. 한 가설에 따르면, 제20권의 아이네아스 관련 대목은 아이네아스를 조상으로 하는 그리스의 한 가문을 영예롭게 하기 위해 나중에 추가된 것이라고 한다. 그 가설이 얼마나 타당한지 모르지만, 훗날 로마제국은 아이네아스를 건국자로 받든다. 버질은 그 전설에 입각해 그를 서사시의 주인공으로 빌려다 쓴 것이다.

아킬레스의 아리스테이아는 제20권 말미부터 시작해서 다음 두 권(제21, 22권)으로 이어진다.

제 21 권

 크산토스 강변 전투

겁에 질린 트로이군은 아킬레스를 피해 달아난다. 그들 가운데 일부는 성을 향해 달아나고, 일부는 크산토스 강 부근에서 숨을 곳을 찾는다. 아킬레스는 이들 중 후자를 차단하여 강을 건너는 많은 병사들을 죽인다. 그는 맹세한 대로 열두 명을 포로로 잡는다. 학살이 계속되자 강이 시체로 가득 찬다.

강물이 피로 물들자 화가 난 강의 신이 거대한 파도와 격류를 일으켜 아킬레스를 공격한다. 이 공격에 아킬레스가 비틀거리자 포세이돈과 아테나가 그의 기운을 돋우어주고, 헤라와 헤파이스토스가 불로 강을 공격한다. 거대한 신비스런 열에 의해 강물이 끓어오르자, 크산토스 강은 다시 얌전해진다.

뒤이어 신들까지 전투를 벌인다. 인간의 전쟁에 신들마저 흥분한 것이다. 아테나는 아레스와 아프로디테를 물리친다. 헤라는 아르테미스를 들판에서 쫓아낸다. 포세이돈은 아폴로와 대적하는데, 젊은 아폴로는 나이를 존중하지 않고 아저씨뻘인 포세이돈을 무찌른다.

아킬레스는 트로이군을 계속해서 추격한다. 헥토르의 이복동생 아게노르가 일 대 일로 맞서보지만 상대가 되지 못한다. 결국 아폴로가 그를 구출한다. 이 겉가지 사건이 벌어지는 동안 트로이 병사들은 무사히 성 안으로 후퇴한다.

제21권의 전반부에서 아킬레스는 프리암의 아들 중 한 명인 리카온을 죽인다. 〈일리아드〉의 단역들은 영웅들에게 죽음을 당하는 일종의 소모품인데, 리카온이 바로 그런 등장인물 가운데 하나다. 하지만 그에 관한 언급―그의 이력과 죽음―은 리카온을 두드러진 인물로 만든다. 가장 통렬한 순간은, 리카온이 살려달라고 애원할 때 아킬레스가 그 청을 거절하며, "이리 오게, 친구. 자네 역시 죽어야 하네"라고 말하는 장면이다. 이 말은 파트로클로스의 죽음에 대한 회상인 동시에 자신의 죽음에 대한 예언이다. 그는 죽음의 저주를 받은 트로이의 왕자 리카온에게 모든 인간은 죽어야 한다는 것을 확인시켜주며, 동류의식을 느낀다. 아킬레스의 태도는 햄릿의 그것―"모든 게 준비되어 있다. Readiness is all."―과 흡사하다. 리카온을 죽이는 것은 일종의 기정사실이나 다름없다. 아킬레스는 자신의 죽음이 임박했음을 알면서, 거의 의무처럼 리카온을 죽인다.

아킬레스가 강과 싸우는 장면에서 죽음에 대한 재미난 언급이 나온다. 죽은 시체를 모두 강에다 던져 넣었기 때문에, 강은 홍수를 일으켜 아킬레스를 쓸어낸다. 트로이인에게는 넘치는 자연력으로 여겨지던 아킬레스가 여기서는 강의 자연력에 좌절당하고 하마터면 죽을 지경까지 이른다. 아킬레스는 너무나 놀란 나머지, 자기가 예언대로 전투에서 영광스럽게 죽는 것이 아니라 익사라는 명예롭지 못한 죽음을 맞는 것이 아닌가 하는 두려움에 빠진다. 아킬레스는 헤라와 불의 신 헤파이스토스의 개입으로 겨우 목숨을 건진다. 이는 물과 불이라는 두 가지 기본적인 힘의 대결 한가운데에 아킬레스가 놓여 있음을 상징한다.

문학적 장치 아킬레스와 강의 전투는 신들의 전쟁을 유발한다. 이 신들의 전쟁은 〈일리아드〉의 분위기와 집중도의 수위를 모두 낮춘다. 제우스는 '신들이 전투에 가담해 싸우는 꼴을 보게 된 것이 즐거워 내심 깊은 곳에서' 웃음 짓는다. 아킬레스는 잠시 뒷전으로 밀려 무시당하고, 이 장면의 초점은 생사가 걸린 인간들의 결사적인 싸움에서 신들의 장난 같은 싸움으로 옮겨간다. 이 신들의 전쟁은 오랜 동안 논란의 대상이었다. 많은 평론가들은 이 대목이 곧 이어질 클라이맥스로 가기 위해 시의 분위기를 짐짓 가라앉히는 것이라고 생각한다. 신들의 전쟁은 익살극에 가깝고 아킬레스의 분노를 전개하는 데 기여하는 바가 없다고 본다. 그러나 신들의 전쟁 옹호론자들이 공통적으로 내세우는 주장은 일종의 익살스런 휴식으로, 헥토르와의 대결에 앞서 아킬레스와 관련해 쌓인 긴장감을 완화하는 장치라는 것이다. 또 하나는 호머 당시의 (그리고 그 이후의) 청중들이 신들의 전쟁처럼 장대한 규모의 이야기를 좋아했기 때문에 이 대목이 들어갔다는 주장이다.

　제21권은 아킬레스와 아게노르의 만남으로 끝을 맺는다. 아게노르는 호머가 헥토르와 아킬레스의 대결을 지연시키기 위해 호머가 고안해낸 또 하나의 극적 장애물에 지나지 않는다. 하지만 아게노르의 독백은 〈일리아드〉의 4대 독백 가운데 하나다. 나머지 셋은 오디세우스, 메넬라오스, 헥토르의 것이다. 4대 독백 가운데 군소 등장인물에 지나지 않는 아게노르의 독백이 끼어 있다는 것이 이채롭다. 아게노르는 독백에서 다음 권에 나오는 아킬레스와 헥토르의 대결장면을 미리 떠올리는 것처럼 보인다. 따라서, 그의 독백은 일종의 예고편이다.

제 22 권

 **헥토르의 죽음**

트로이의 지도자 헥토르는 트로이 도성 안으로 들어와 안전해지자, 성문 밖에 서서 아킬레스를 맞아 싸울 준비를 한다. 그의 어머니와 아버지는 성 안으로 들어와 있으라고 간곡히 청하지만, 말을 듣지 않는다. 헥토르는 아킬레스를 기다리며 여러 가지 대책들을 고려해 보지만, 결국 현실성 있는 대책은 아킬레스와 싸우는 길뿐이라고 결단을 내린다.

그러나 막상 아킬레스가 도착하자 헥토르는 겁에 질려 달아난다. 아킬레스는 그를 쫓아 성벽을 세 바퀴나 돈다. 그 동안 헥토르는 아킬레스를 성가퀴*에서 대기중인 트로이 궁수들의 사정거리 안으로 끌어들이려 하지만 실패한다.

아테나가 헥토르를 현혹해 아킬레스를 무찌를 수 있는 도움을 얻게 될 것이라고 잘못 믿게끔 만들자 자신감을 얻은 헥토르가 도주를 멈추고 아킬레스와 마주 선다. 헥토르는 싸우기 전에, 만일 자기가 죽으면 그 주검을 정중히 다뤄줄 것을 약속하라고 요구하지만 분노에 휩싸인 아킬레스는 거부한다.

두 영웅은 결투에 돌입한다. 먼저 아킬레스가 창을 던졌으나 빗나가자 아테나가 창을 되돌려준다. 다음, 헥토르가 창을 던져 아킬레스의 방패 한복판을 맞히지만 그 신성한 방패가 그 정도에 뚫릴 리 없다. 두 영웅

---

* **성가퀴**: 성 위에 낮게 쌓은 담. 여기에 몸을 숨기고 활 등을 쏜다.

은 천천히 빙빙 돌며 접근한다. 헥토르의 무기는 칼뿐이지만, 아킬레스는 여전히 창을 가지고 있다. 몇 차례 속임수 공격 끝에 아킬레스는 헥토르의 목을 겨누어 찌른다. 헥토르는 죽어가면서 자기 시체를 가족에게 돌려 줘 적절한 장례를 치르게 해달라고 간청한다. 아킬레스는 다시 거부한다. 헥토르는 아킬레스의 죽음 역시 임박했다고 상기시키며 숨을 거둔다.

그리스 병사들이 달려와 트로이의 지도자 헥토르의 주검을 구경한다. 많은 그리스 병사들이 헥토르의 시체를 희롱하고 찔러댄다. 아킬레스는 헥토르를 발가벗긴 다음 시체의 발목을 전차에 잡아매고는 말을 달려 시 체를 질질 끌고 가는 불명예를 안긴다.

헥토르의 부모 프리암과 헤쿠바는 죽은 아들에 대한 악독한 대우를 목격하자, 울부짖으며 자신들의 운명을 슬퍼한다. 트로이의 시민들 모두 그 애도에 동참한다. 통곡 소리를 듣고 남편의 죽음을 알게 된 안드로마 케는 실신한다.

이 권의 구조를 보면, 헥토르에게 성 안에 들어가 싸우 자는 세 건의 건의가 첫머리에 나오고, 끝머리에는 헥토르의 죽음에 대한 세 건의 애도가 균형을 이루면서 그 사이에 아킬 레스와 헥토르의 결투 장면이 들어 있다.

주제 탐색　헥토르와 아킬레스의 싸움은 〈일리아드〉 전편을 통해 그 속에 함축된 두 가지 문제를 다시 떠올리게 만든다. 그 하나는 두 투사로 상징되는 가치관의 충돌이고, 다른 하나

는 신과 인간의 관계의 성질이 무엇이냐 하는 문제다.

헥토르와 아킬레스의 결투는 양극단의 대립적 세계관의 충돌을 의미한다고 해석되어 왔다. 헥토르는 따뜻한 가정과 도시국가를 대표하며, 자기통제와 건설적이고도 긍정적인 삶의 옹호자다. 아킬레스는 원시적 야수성, 반사회적 파괴성, 그리고 절제되지 않는 본능의 화신이다. 따라서 이 싸움을 통해 인간의 문명 자체가 위기를 맞는다. 비록 파괴적인 힘이 승리하지만, 그 화신인 아킬레스는 마지막 권에서 재활과정을 거쳐 새로운 삶을 얻는다. 헥토르에 의해 대표되던 문명적 제도는 그의 늙은 아버지 프리암이 아킬레스와 마주앉는 자리에서 새로운 형태로 다시 태어난다.

　두 번째 문제인 신과 인간의 관계는 제우스와 아테나의 다음 대화에서 보충적인 암시를 준다. 제우스가 헥토르를 '죽음에서 낚아채' 살려줄 생각을 하자 아테나는 당신 마음대로 할 일이지만 그렇게 하면 '어느 신도 당신을 찬양하지 않을 것'이라며 항의한다.

　이 장면의 첫 번째 암시는 제우스는 운명을 극복할 수 있지만 그 결과는 하늘과 땅 모두에 소란을 일으킨다는 것이다. 두 번째 암시는 이 경우에는 운명이 이미 다른 방향으로 정해져 있기 때문에 제우스의 개입은 옳지 않다는 것이다. 즉 헥토르는 아킬레스의 손에 죽도록 되어 있으므로 이 상황을 바꾸는 것은 어떤 방법으로도 정당화될 수가 없다.

　신과 인간의 관계의 성질이 무엇이냐 하는 두 번째 문제의 본질은 헥토르의 죽음에서 아테나가 한 역할이 무엇이냐에 관한 비평가들의 논쟁에 잘 나타나 있다. 처음에 헥토르는 아킬레스를 보고 달아난다. 그 후 트로이 성벽을 도는 숨바꼭질은 거의 익살스럽기까지 하다. 그러나 이 경주는 끝이 나야 했고, 두 사람의 필연적인 대결이 이루어져야 했다. 아테나가 데이포부스의 모습으로 변장하고 나타나 자신감을 불어넣어주자 헥토르는 싸웠고 목숨을 잃었다.

평론가들은 아테나의 역할을 두고, 신이란 속임수를 쓰는 존재임을 호머가 보여준 것이라고 평했다. 그러나 사실은 그 반대의 견해가 더 정확하다고 봐야 한다. 아테나는 일어났어야 할 일의 편에서 개입했을 뿐이다. 제우스처럼 정해진 운명을 피하려는 시도를 한 것이 아니다. 아테나의 목표는 이미 선포된 운명을 정확히 실현하자는 것이었다. 그녀는 헥토르를 죽음으로 몰아간 것이 아니라 꼴사나운 도피를 멈추게 하고 맞아야 할 운명을 맞도록 했을 뿐이다. 여기서 또다시, 신의 음성은 영웅에게 할일을 말해 주는 마음의 음성인 것이다. 영웅적인 투사는 적으로부터, 설사 그 적이 불사신 아킬레스이더라도 달아나서는 안 된다. 신들은 그저 주어진 책임과 운명을 감당하도록 인간을 도울 뿐이다.

아킬레스에게 사회는 공동체가 아니라 경쟁과 승리가 전부인 곳일 뿐이다. 따라서 전투가 끝나고 보니 외톨이로 남았고, 죽음을 기다리는 처지가 된다.

제 23 권

파트로클로스의 장례식

그리스군 진영으로 돌아온 아킬레스와 미르미돈군은 전차를 타고 파트로클로스의 관가(棺架)를 돌며 행진의식을 거행한다. 아킬레스는 부하들에게 죽은 영웅을 위한 만가(輓歌)를 부르게 한다. 그날 밤, 장례의식이 거행된다. 그 후, 잠이 든 아킬레스의 꿈에 파트로클로스의 망령이 나타나 장례를 지내 자기가 죽음의 땅에 들어가 편히 쉬게 해달라고 부탁한다.

이튿날 아침, 군인들이 나무를 가져다 거대한 화장용 장작더미를 만든다. 군대가 완전군장을 하고 행진한다. 파트로클로스의 시체가 장작더미 위에 안치된다. 말 몇 마리, 사냥개 몇 마리, 그리고 포로로 잡힌 트로이 귀족 열두 명이 번제물*로 장작더미 하단부에 놓이자, 장작더미 전체에 불을 붙인다. 한동안 불꽃이 타오른 후에 포도주로 불을 끄고 파트로클로스의 뼈를 추려 납골 항아리에 담는다. 훗날, 아킬레스의 무덤 곁에 나란히 묻어주기 위해서다. 화장용 장작더미가 있던 자리에 기념으로 봉분 하나가 만들어진다.

아킬레스는 친구의 명예를 기리는 장례 경기를 연다고 선포한다. 전차 경주, 권투, 레슬링, 달리기, 검투, 원반던지기, 활쏘기, 투창 등 시합이 이어지고, 푸짐한 상이 내려진다.

이 모든 일이 진행되는 동안, 헥토르의 시체는 거적도 씌우지 않은

---

* **번제물**(燔祭物): 통째로 구워 바치는 제물.

채 방치된다. 하지만 길 잃은 개가 유린하거나 더위에 썩지 않도록 아폴로와 아프로디테가 헥토르의 시체를 보호한다.

　　제22권부터 24권까지의 전개에서 아킬레스는 파트로클로스의 죽음으로 인한 분노에서 헥토르의 시체를 다루며 보여주는 통제 불가능한 극도의 분노로 다시 옮겨간다. 이들 마지막 세 권은 앞의 20개 권에서 밟았던 것과 똑같은 구조적 형식을 답습해 아킬레스의 분노를 다룬다. 아킬레스가 아가멤논에게 가졌던 분노는 헥토르에 대한 분노로 대치된다. 그리고 아가멤논과 화해에 이르듯이, 헥토르의 아버지 프리암과 화해한다.

　　제22권 말미에 가서 아킬레스는 헥토르의 시체를 모독하기 시작하고, 제23권에서도 명시적·암시적으로 계속한다. 그러나 아킬레스의 분노는 누그러지지 않고, 독자들은 더 이상 이 그리스 투사에게 공감할 수 없게 된다. 독자들은 헥토르에게 공감과 동정심을 느낀다. 헥토르 역시 파트로클로스의 주검을 가지고 자신의 영광을 구가했을 수 있다. 그러나 그는 시체를 토막 내지 않았다. 아킬레스의 행동은 수용의 한계를 넘은 것이다. 아가멤논에 대한 아킬레스의 분노가 고집스런 토라짐으로 변했듯이, 파트로클로스를 죽인 자에 대한 분노는 비이성적인 광분으로 변했다.

그러나 아킬레스의 분노는 제23권 말미에서 일어난 두 가지 사건으로 중단되거나 누그러진다. 파트로클로스가 나타나는 꿈과 장례 경기가 그것이다. 이 두 사건에서 독자들은 아킬레스의 인간적인 면모를 보게 된다.

문학적 장치 파트로클로스의 망령은, 걸핏하면 나오는 신들의 행위 외에 〈일리아드〉에 나오는 몇 안 되는 초자연적 현상들 가운데 하나다. 더구나 이 사건은 현실이 아니라 꿈 내지 환상이다. 〈일리아드〉의 다른 여러 만남이 그렇듯이, 파트로클로스의 망령은 실제 사건이 아니라 아킬레스의 독백이나 상상으로 해석할 수도 있다. 망령의 매장 요청은 장사를 지내지 않으면 죽은 영혼이 쉴 수가 없다는 그리스인들의 신앙에 따른 것이다. 망령은 아킬레스가 마지막 권에서 프리암과 화해를 이루는 길로 가기 위한 복선 역할도 한다. 파트로클로스는 아킬레스의 인간적인 측면을 대변하며, 망령의 출현은 아킬레스의 분노를 가라앉히는 데 결정적인 효과를 발휘한다.

이와 비슷하게, 장례 의식과 경기들도 아킬레스를 호감이 가는 쪽으로 이끈다. 장례 의식은 전차 행렬, 애도 표시로 머리칼을 자르는 일, 그리고 동물과 인간을 포함한 여러 가지 제물을 바치는 의식 등으로 진행된다.

장례식이 끝나고 장례 경기가 벌어지는데, 올림픽과 유사한 형태였을 것이다. 올림픽의 기원은 〈일리아드〉가 창작된

시기와 거의 일치한다. 비평가나 역사가들은 경기 종목에 관해 대체로 일치된 견해를 가지고 있다. 초기에는 전형적인 네 가지 경기 — 2두 전차 경주, 권투, 레슬링, 달리기 — 를 실시했고, 후에 다른 세 가지 경기 — 검투, 원반던지기, 활쏘기 — 가 추가되었다.

경기는 영웅들에 대한 그리스군의 마지막 사열이기도 하다. 이 서사시 전체를 통해 주요 역할을 했던 등장인물들이 이 경기에서 마지막으로 등장한다. 독자들은 그들의 문명화된 전투를 구경하면서 고별사를 듣고 작별인사를 나누게 된다. 아킬레스는 제24권에 가서야 등장한다.

제 24 권

 헥토르의 장례식

장례를 치르고 아흐레가 지나는 동안 아킬레스는 날마다 헥토르의 시체를 전차에 매달고 파트로클로스의 무덤 주위를 맴돈다. 신들은 헥토르의 시체가 훼손되거나 썩지 않도록 보호한다.

마침내 제우스가 회의를 소집한다. 이 회의에서 헥토르의 시신을 반환하게 하고 적절한 장례를 치르게 해주기로 결정한다. 신들은 테티스로 하여금 아들 아킬레스에게 헥토르의 시체를 프리암에게 돌려주는 것이 제우스의 뜻이라고 설명하게 한다.

헤르메스 신의 호위를 받으며 프리암과 늙은 신하가 그날 밤 몰래 그리스군 진영으로 잠입한다. 탄원자의 입장이 된 트로이 왕 프리암은 아킬레스에게 그의 연로한 아버지를 떠올리게 하며 호소한다. 부모와 고향에 대한 기억에 몹시 감동한 아킬레스는 헥토르의 시체를 돌려주는 대가로 제공된 몸값을 받아들이기로 한다. 아킬레스와 프리암은 각자의 슬픔에 겨워 함께 운다. 그 후, 아킬레스는 프리암에게 저녁식사와 그날 밤을 지낼 침소를 제공한다. 뿐만 아니라, 헥토르의 시신을 정결히 하는 일을 친히 감독한다. 그리고 12일간의 휴전을 선포해 트로이인들에게 헥토르의 장례를 치를 충분한 시간을 준다.

트로이의 전 시민이 집밖으로 나와 헥토르의 시신을 맞으며 조의를 표한다. 안드로마케, 헤쿠바, 헬렌이 애도 절차의 주역들이다. 그들은 한결같이 헥토르의 넋을 기리며 그의 죽음을 슬퍼하는 이유를 설명한다.

휴전기간 동안 트로이군은 산에서 나무를 주워다 거대한 화장용 장작더미를 만들고, 그 위에 헥토르의 시체를 놓고 불태운다. 그들은 헥토르의 뼈를 추려 황금 궤에 넣어 얕게 매장한 다음, 그 위에다 거대한 봉분을 만든다. 그 후, 프리암의 궁전에서 거창한 장례식 피로연이 열린다.

: 풀어보기

아킬레스의 분노는 제24권에서 마침내 진정된다. 많은 평론가들은 첫 권과 마지막 권의 관계에 주목한다. 두 권 모두 자식의 반환을 탄원하는 아버지의 이야기가 있기 때문이다. 제1권에서 아킬레스가 크리세스의 탄원을 거부함으로써, 그 이후 〈일리아드〉의 모든 이야기가 뒤따르게 된다. 그러다가 제24권에서 아킬레스가 프리암에게 선의를 베풂으로써, 투사의 분노가 가라앉고 이야기는 원점으로 돌아온다. 전황 역시 기본적으로 처음 시작 때와 달라진 것이 거의 없다. 헥토르가 죽고 장례를 치렀지만, 일리아드*가 상대해야 했던 최대 적수 아킬레스는 이제 죽음이 임박한 상태다.

 제24권은 아킬레스의 분노라는 드라마의 최종적 해결과 그 후일담으로 되어 있다. 그 동안 아킬레스는 마음

---

* 여기서 일리아드는 두 가지 뜻을 갖는다. 하나는 호머의 작품 〈일리아드〉이고, 다른 하나는 라틴어 일리아드, 즉 트로이란 뜻이다. 역자 주.

의 변화를 일으킨 적이 없고, 경험에서 뭔가 도덕적 교훈을 얻은 바도 없다. 그런데 프리암을 만나면서 그의 도덕성에 결정적인 변화가 일어난다. 대화를 나누며 아킬레스는 파트로클로스에 대한 깊은 사랑을 모두 드러내고 그에게도 남의 슬픔을 이해할 능력이 있음을 보여준다. 현실을 받아들일 줄 알게 되고 타인에게 연민을 느낄 줄 알게 되면서부터 그에게 잠재된 보다 고상하고 인간적인 성격이 다시 힘을 얻기 시작한다. 마침내 아킬레스는 분노를 풀고 헥토르의 시체를 프리암에게 건네면서, 신들의 뜻에 복종하고 부분적이지만 도덕적 재활을 경험한다. 변하고 순화된 것이다. 하지만 프리암이 조심스러워하며 의구심을 나타내자, 순간적으로 성질을 부리는데, 이 모습은 그가 여전히 비이성적인 기질을 가지고 있음을 나타낸다.

주제 탐색 〈일리아드〉의 마지막 장면은 호머가 만들어낸 트로이와 아킬레스의 긴 이야기 가운데 극히 인상적인 대목 중 하나다. 아킬레스의 죽음이라든가 트로이의 멸망이 아니라 아킬레스의 성격적 재활로 끝을 맺음으로써, 수준 높은 예술적 균형과 상징적 의미를 가진 작품이 된 것이다. 〈일리아드〉는 탄원하는 아버지(크리세스)에 대한 아가멤논의 잘못된 행위로 시작해서, 아가멤논의 또 다른 희생자이자 탄원하는 아버지(프리암)에 대한 아킬레스의 올바른 행위로 끝이 난다. 이처럼 시의 시작과 끝이 독자의 주의를 중심 주제 — 아킬레스의 개인적 발전 — 에 맞추고 있다.

인물분석
노트

○ 아킬레스

그리스 군인 가운데 가장 위대한 투사. 영어 단어 Iliad는 트로이를 뜻하는 라틴어 일리움(Ilium)에서 나왔다. 제목은 그렇지만, 서사시 〈일리아드〉는 트로이 전쟁보다는 아킬레스의 분노에 따라 좌우되는 아킬레스의 전쟁을 다루었다고 보아야 한다. 아킬레스는 이 작품의 주인공이다. 그의 불행위(不行爲), 즉 전투 거부는 이 서사시의 줄거리에 결정적 요소다. 그의 성격은 복합적이다. 그는 사회의 문화적 규범을 이따금 무시한다. 그 속에서 상당한 오류를 발견했기 때문이다. 그는 특히 영웅의 규범에서 여러 가지 편협과 모순을 발견한다. 그는 또한 그리스인 가운데 가장 위대한 무인이자 전사다. 어머니가 갓난 그를 발뒤꿈치를 쥐고 스틱스 강물에 담갔기 때문에 발뒤꿈치를 제외한 모든 신체부위가 상처를 입지 않는 강점이 있다. 따라서 어떤 투사도 싸움에서 그를 대적할 수가 없다.

이 시의 첫머리에서 아킬레스는 사회 질서에 극히 민감하다. 이 점은 그가 그리스 진영 내부의 무질서를 염려하는 대목에서 확실하게 증명된다. 당시 그리스 진영에는 치명적인 괴질이 만연해 군사들이 죽어가고 있었고, 그는 괴질의 원인을 알고 싶어한다. 아가멤논 왕이 이에 소극적으로 나오자 아킬레스는 직접 행동에 나선다. 그는 전 군사가 모이는 회의를 소집하는데, 이는 의전질서 위반이다. 그런 회의는 아가멤논만 소집할 권한이 있기 때문이다. 그러나 아킬레스는 그리스 진영 내의 질서를 빨리 회복시키기 위해 위반인 줄 알면서도 회의를 소집했고, 부분적으로 성공한다. 무수한 군사들이 죽어나가는 이유를 알아낸 것이다. 그러나 이 치명적 괴질이 아가멤논 왕이 책임져야 할 사유로 발생했음이 드러나면서 아킬레스는 이중으로 무질서를 야기한 꼴이 되었다. 따라서 질서 회복을 위해 아킬레스가 한 일은 결과적으로 모두 헛수고가 되고 말았다. 아폴로가 괴질은 거둬들였지만, 아킬레스와 그의 부하들은 전선에서 철수했고, 그리스군 진영은 여전히 무질서 상태다.

이 모든 혼란 상황에 대해 아가멤논은 물론, 아킬레스 역시 책임이 있다. 아킬레스는 성 잘 내고 말 많은 존재로 보인다. 그로 인해서 그리스군은 남아 있던 최소한의 화합마저 깨졌다. 아킬레스는 자기가 받은 값진 전리품은 생각지도 않고 아가멤논이 별로 한 일도 없이 좋은 전리품은 모두 챙겼다고 주장한다. 분노에 찬 아킬레스는 하마터면 아가멤논을 죽이려는 단계까지 가지만, 아테나 여신이 이 위기에서 아가멤논을 구해낸다.

우리는 아킬레스가 그리스군을 떠난 데는 그럴 만한 이유가 있었다는 데 유의해야 한다. 아가멤논은 아킬레스의 전리품인 브리세이스를 요구했다. 이는 아킬레스의 입장에서 볼 때 헬렌을 납치한 파리스의 행위와 맞먹는 것으로서 아킬레스를 메넬라오스와 같은 위치에 놓이게 하는 짓이었다. 그 결과, 그와 아가멤논 사이에 벌어진 분쟁은 트로이와의 전쟁 못지않게 정당한 일이었다. 그러나 아가멤논이 수많은 추가 선물과 함께 브리세이스를 반납하겠다고 하는데도 아킬레스는 여전히 화를 삭이지 못한다. 이는 과도한 자존심이 그의 중요한 성격적 결함 가운데 하나임을 암시한다. 그러나 아킬레스의 입장에서만 본다면, 아가멤논이 제시한 선물들은 아킬레스가 생각하는 대중 앞에서의 공공연한 모욕을 도저히 보상하지 못한다. 아킬레스는 선물 목록에 전혀 관심이 없고, 오직 적절한 명예로운 지위만이 관심사다. 어디 그뿐인가. 아가멤논은 이미 그에게 선물을 주었다가 도로 빼앗은 전력이 있다. 또 그런 짓을 않는다고 누가 보장할 건가? 더 많은 선물을 준다 해도 이는 공약(空約)에 그칠 공산이 없지 않다.

아킬레스는 영웅의 규범을 지켜야 영웅으로서의 사회적 지위가 유지된다고 생각하며 이제까지 살아왔다. 그러나 혼자 고립되면서 오로지 영광만을 위한 투쟁에 회의를 품는다. 사회나 영웅적 투사에게나 가족과 개인 두 가지 모두가 중요하다는 관념(헥토르는 이런 견해의 화신이다.)이 아킬레스의 마음속에 싹트기 시작한 것이다. 평론가들은 아킬레스의 이런 사고 전개가 개인적인 기초 위에서 자신과 타인의 관계 짓기를 시작하면서 발전하게 되었다고 본다. 즉, 파트로클로스의 후견인 입장과 아가멤논이 보낸 사절단을 맞이하는 주객관계에서도 그랬다.

　이런 인간관계와 사랑에 관한 보다 넓어진 개념들이 아킬레스에게 정말로 중요해지기 시작한 것은 파트로클로스가 죽은 다음부터다. 파트로클로스의 죽음에 충격을 받은 아킬레스는 그때부터 비로소 생명이나 타인과의 인간관계를 죽어야 할 운명의 존재, 즉 인간의 관점에서 보기 시작한다. 동시에, 사랑의 신적인 경지 쪽으로 보다 가까이 다가간다. 그는 파트로클로스의 보호자로서의 실책을 통감하며, 복수에 대한 의무감을 느낀다. 또한 그는 그저 배에 앉아 있기만 하는 것은 '좋은 땅(배)에다 쓸데없이 무게만 더하는' 짓이요 많은 그리스 전사들을 죽음으로 모는 행위란 것을 깨닫기 시작한다. 그러나 불행하게도 아킬레스는 그리스인들이 그의 철군에 대해 느끼는 감정이 그가 파트로클로스를 잃은 상실감 못지않게 예민하고 심각하다는 것을 아직은 눈치 채지 못한다.

　아킬레스의 분노는, 그가 토라져 있건 폭력적이건 이 서사시의 대부분을 통해 최고의 쟁점이다. 사실, 그가 강과 벌이는 전투는 〈일리아드〉의 가장 난폭한 장면 가운데 하나일 것이다. 여기서 우리는 아킬레스의 터무니없는 분노가 절정에 달해 있음을 본다. 이 분노는 독자가 아킬레스라는 인물을 이해하고 시체 훼손이란 주제를 파악하는 데 중요하다. 시체 훼손과 아킬레스의 과격함은 강의 신을 노하게 만들어 과도한 악으로 몰아붙인다. 강의 신은 단지 병사들을 죽이는 데 그치지 않고, '시체를 폭행'하면서 아킬레스의 군대를 공격한다.

호머는 강의 신을 대단히 생생하게 인격화시키고 있다. 그래서 강의 신과 아킬레스와의 싸움 ─ 사실은 영락없이 홍수에 사로잡혀 죽을 둥 살 둥 하는 인간의 모습이지만 ─ 을 두 사람 간의 싸움처럼 묘사한다. 만일 독자들이 아킬레스를 덮칠 듯 밀어닥치는 굵은 나무 잔해, 커다란 바위덩이, 거대한 파도 등을 눈으로 보듯 상상한다면, 이 장면은 훨씬 더 강한 인상을 주는 의미심장한 대목이 될 것이다.

아킬레스가 자신의 한계를 넘어 파트로클로스의 복수를 하려고 트로이인을 엄벌하고 헥토르의 장례식을 못 치르게 하려 하자, 강의 신은 아킬레스를 물에 빠뜨려 진흙 속에 파묻어 그의 영광을 빼앗음은 물론 그 자신의 정중한 장례식마저 불가능하게 만들려 한다. 역시 의미심장한 것은 지금까지 신들 가운데 아킬레스를 이 정도로 심하고 잔인하게 공격한 것은 강의 신이 유일했다는 점이다. 그러나 이 이후부터는 다른 신들도 아킬레스에게 강의 신과 같은 견해를 갖기에 이른다.

아킬레스의 폭력은 헥토르의 죽음과 시신 훼손을 끝으로 중지된다. 또한 제우스의 엄격한 통제 아래, 신들 또한 무질서 상태에서 질서 상태로 변화한다. 신들은 아킬레스가 헥토르나 그의 가족에게 연민의 정을 베풀지 않는 모습을 보자, 제우스의 전능한 권위 속으로 돌아와 복종한다. 아킬레스도 어머니 테티스의 설득에 의해 제우스의 뜻에 따르게 된다. 마

침내 아킬레스는 기진맥진한다. 모든 열정을 소진한 그는 헥
토르의 시체를 내주기로 한다.

○ 파트로클로스

파트로클로스는 매우 중요한 인물이지만 제9권에 이르
기 전에는 언급조차 없다. 제9권에 가서도 파트로클로스가 아
니라 그와 아킬레스의 관계가 초점이다. 실상, 파트로클로스
는 한 인물로 여기기가 어렵다. 그에 관한 극적인 인물 전개가
없기 때문이다. 그러나 파트로클로스는 극적인 사건을 일으켜
반사적으로 아킬레스를 보다 확실하게 이해하도록 해준다. 파
트로클로스의 주된 역할은 아킬레스를 전쟁터로 돌아가게 하
는 일이다. 그의 시도는 독자로 하여금 아킬레스의 성격을 통
찰할 수 있게 해주고, 아킬레스로 하여금 삶을 새로운 각도에
서 평가하도록 해준다.

파트로클로스의 전투 장면에서 우리는 그의 강점과 약
점을 본다. 그러나 호머는 이 장면을 통해 그의 아리스테이아
를 보여주려는 것이 아니라 줄거리를 진행시키고 다른 등장인
물들의 행위와 사상을 강조하고자 했다.

아킬레스와 파트로클로스는 유별나게 긴밀한 관계를
가진다. 이 관계의 일부는 전우의 영웅적 규범이고, 일부는 파
트로클로스가 아킬레스의 보좌관이라는 신분관계에 기초한
것이다. 호머는 두 사람 사이의 영웅적이면서도 친밀한 사랑

과 전우관계 이상의 상호존중적 유대를 명확하게 보여준다.

파트로클로스는 〈일리아드〉에서 아무 연설도 하지 않는다. 아가멤논의 사절이 도착하기 전, 파트로클로스와 아킬레스 두 사람이 함께 있을 때, 파트로클로스는 아킬레스가 노래를 마치고 연설을 할 때까지 시종 기다리기만 한다. 사절들이 온 후에도 말없이 마실 것을 준비했고, 아킬레스와 함께 손님들을 위한 식사를 챙길 뿐이다. 두 사람은 서로 상대방의 생각이나 욕구를 이심전심으로 알고 있는 것처럼 보인다. 파트로클로스는 마치 아킬레스의 '분신' 같다. 이러한 느낌은 파트로클로스의 아리스테이아 장면으로까지 연장된다.

네스토르의 막사를 방문했을 때, 파트로클로스는 그리스군의 패배와 전우들의 죽음에 극도로 깊은 마음의 상처를 받았음이 분명하다. 그가 아킬레스에게 참전을 허가해 달라고 하자, 아킬레스는 그를 '바보 같은 계집애'로 비유하며 핀잔을 준다. 이러한 아킬레스의 언행은 파트로클로스의 복종성을 강조하지만, 다른 한편으로는, 아킬레스에 대한 의존성을 암시한다. 훗날 파트로클로스가 죽은 후 아킬레스가 두 번째 분노를 작동시킬 정도로 두 사람 사이에 강한 감정적 유대가 있음을 보여주는 것이다. 이처럼 두 사람은 상하관계지만 동시에 친구이기 때문에 파트로클로스 또한 거침없이 아킬레스의 분노를 비난한다. 그는 누가 아킬레스의 불타는 분노를 진정시킬 수 있냐고 한탄하면서, 심지어 자기는 그런 식의 분노를 표출하는 저주를 안 받게 되기를 기원한다고까지 말한다.

파트로클로스의 잘못은 자기도 아킬레스처럼 눈부시게 전투를 수행할 수 있다고 오판한 것이다. 아킬레스의 갑옷을 입은 그는 자기 힘의 한계를 넘어 함대를 지키는 정도로만 싸우라는 아킬레스의 명령성 경고를 따르지 않는다. 그리스 군대를 이끌고 트로이 도성까지 공격하려 한 것이다.

그는 세 차례의 공격에서 매번 아홉 명의 트로이 장군을 죽인다. 그러나 네 번째 공격에서 아폴로가 그를 후려쳐 혼미하게 만든 틈을 타서 헥토르가 치명상을 입힌다. 그는 죽어가면서 자기가 희생양이라는 것을 깨닫는다. 아킬레스의 특별 지시를 어기고 아폴로의 부추김에 넘어가 트로이 성벽까지 쳐들어갔기 때문이다. 그는 전쟁터에서 아킬레스의 위치를 대신함으로써, 아킬레스의 전쟁복귀를 위한 수단 노릇을 할 운명이었음을 깨닫는다. 그는 헥토르에게 '죽음과 강력한 운명 모두가 그의 곁에 서 있음'을 상기시키고는 전투 참가 순간부터 그를 인도해 온 운명에 순응해 삶을 마감한다.

파트로클로스를 죽인 헥토르는 명예 규범에 벗어나는 행동을 한다. 파트로클로스의 시체를 개들에게 주겠다고 위협한 것이다. 결과적으로 파트로클로스의 죽음은 헥토르와 아킬레스 두 사람 모두에게 신성모독을 범하게 하고, 그로 인해 운명적인 죽음을 자초하게 한다.

○ 아가멤논

아가멤논은 아버지로부터 왕의 자리를 물려받았다. 그리고 그의 공동체는 그에게 왕으로서 사회를 안정시키고, 분쟁을 중재하고, 참모회의와 군인총회를 소집하고 주재할 것을 기대한다. 그는 군대의 총사령관이다. 부하 장수인 오디세우스와 네스토르는 아가멤논의 권위를 유지하려고 노력한다. 아가멤논에게 문제가 있지만 그를 지지하는 쪽이 효과적이고도 의미 있는 질서 구현을 보증하는 유일한 길이라고 인식하기 때문이다. 어쨌든 아가멤논은 왕이고 지도자이니까.

아가멤논은 왕으로서 엄청난 권력과 지위를 가졌지만 그럴 만한 자격을 갖추었느냐는 별개의 문제다. 늙은 네스토르는 걸핏하면 아가멤논에게 충고를 한다. 아가멤논에게는 충고가 필요하기 때문이다. 독자들은 아가멤논이 중요한 정사에 대해 결정을 내릴 때 지나치게 감정적이라는 것을 알 수 있다. 네스토르는 아가멤논에게 브리세이스를 빼앗지 말라고 충고하지만 듣지 않는다. 그로 인해 사건이 꼬리를 물고 일어나 결국에는 죽지 않아도 되었을 무수한 그리스인들이 목숨을 잃게 된다.

불행하게도, 아가멤논은 능력보다 훨씬 큰 역할을 가지고 태어났다. 반면에, 아킬레스는 그 반대의 경우에 해당한다. 두 사람은 모두 위대한 인간들이지만 화를 잘 내고 타협하지 않으며 영웅적 규범이 요구하는 역할이 무엇인지를 의식하고 있다. 그리고 영웅적 규범에 비춰볼 때 더 낮은 지위로 내려가는 것을 받아들이려 하지 않는다. 그 결과, 브리세이스를 놓고 벌어진 다툼은 두 사람에게 비극적인 불화—〈일리아드〉의 핵심을 이루는 충돌—를 낳는다.

우리는 아가멤논이 동생 메넬라오스에게 베푸는 정성과 배려에 주목할 필요가 있다. 그리스 사회의 질서는 헬렌이 메넬라오스에게 돌아오느냐 못 돌아오느냐에 달려 있다는 것이 아가멤논의 생각이다. 그는 한 사회가 응집력을 가지려면, 우선 가족의 질서가 중요하다는 것을 알고 있다. 그러나 많은 훌륭한 성향을 가졌음에도 불구하고 아가멤논은 좋지 못한 기질에 병들어 자신을 망치고 스스로 무덤을 파는 격이다.

아가멤논은 나약하고 우유부단하며 위축되고 용기를 잃었을 때는 잘못된 결정을 내린다. 때때로 불공정한 행위를 저지르기도 한다. 왕은 개인적 욕망이나 감정에 빠져서는 안 된다는 사실을 깨닫지 못한다. 권위에는 책임이 따르고, 개인적 소망은 공동체의 요구를 앞설 수 없다는 것을 모른다. 권력의 한계를 이해하지 못했기 때문에 잘못을 저지르기 시작한다. 첫 번째 잘못은 트로이 전쟁의 전리품인 크리세이스를 돌려달라는 그녀 아버지의 간청을 외면하고 차지해 버린 일이다. 그는 그녀를 좋아했고, 만일 그녀를 돌려보낸다면 체면을 잃는 것이라고 믿었다.

아가멤논은 나중에 가서야 네스토르, 오디세우스, 디오메데스의 조언을 받아들일 줄 알게 된다. 그러나 감정적 겉치레와 판단력 부족이라는 결점 때문에 왕의 자격이 충분치 못하다. 나중에 아킬레스와의 담판에서 자신이 미망에 빠졌었음을 시인하고, 그 잘못을 만회하기 위해 브리세이스를 돌려주고 그 밖의 많은 선물을 주겠다고 한 후에도 또다시 아킬레스를 모욕하는 실수를 범한다. 용기가 떨어지고 기분이 시들해졌을 때는 트로이 전쟁 자체를 포기하려고까지 한다.

투사로서는 무용이 있지만, 왕으로서는 너무나 고집스럽고, 비겁하며, 미성숙하다. 이 시를 찬찬히 읽으면서 아가멤논의 성격을 연구한 독자라면, 그의 이해력이 약간은 넓어지는 모습을 볼 수 있다. 특히 제9권에서 그가 아킬레스에게 사절단을 보내는 장면에서 그렇다. 그리고 말미에 이르면 아가멤논은, 물론 일부 영웅의 수준에는 여전히 미치지 못하지만, 초기보다는 훨씬 훌륭한 지도자가 되어 있다.

○ 오디세우스

오디세우스의 성격은 안정성과 성숙함이다. 그는 아킬레스와 아가멤논의 반면교사, 즉 대조인물인 것이다. 이 서사시에는 오디세우스의 성격 전개가 없다. 호머가 오디세우스라는 인물을 등장시킨 목적상, 오디세우스에게는 극적인 성격 전개가 필요하지 않다. 호머의 목적은 전술적·전략적 능력,

영웅적 도량, 왕이 가져야 할 기타 여러 가지 자질과 권고자로서의 능력을 강하게 보여주자는 데 있다. 그리고 무엇보다도 자제력이 있으며, 언제나 이성적이고 외교적이다. 오디세우스가 아가멤논보다 왕의 자질을 훨씬 더 잘 갖추고 있음은 명백하다. 그의 결정은 건전하고, 거기에 따를 경우 늘 성공을 거둔다.

아킬레스에게 파견된 아가멤논의 사절 오디세우스는 아가멤논의 제안을 설명한다. 아킬레스가 이를 거부하자 더 이상 왈가왈부하지 않는다. 논쟁을 했다가는 오히려 본래 목적을 위태롭게 하고 아킬레스의 입장만 강화시켜주는 꼴이 될 수도 있다는 사실을 아는 것이다. 그뿐이 아니다. 파트로클로스가 죽은 다음, 아킬레스가 당장 전투를 하겠다고 서둘자, 침착하게 먼저 병사들을 배불리 먹여야 한다고 설득한다. 호머는 언제나 오디세우스를 '위대한 전술가'로 지칭한다. 트로이 전쟁을 승리로 이끈 트로이 목마도 실은 오디세우스가 짜낸 전술이었다.

아킬레스와 아가멤논의 반면교사로서 오디세우스가 발휘하는 침착성과 문제해결 능력은 두 사람의 조급한 성격, 그리고 견해차이가 있을 때 나타나는 기술적 해결 능력의 결핍을 너무나 두드러지게 보여준다.

오디세우스는 무질서한 상황이 생길 때마다 질서로 유도하는 〈일리아드〉의 안정 인자(因子)다. 호머가 오디세우스

를 교활하다고 평하기도 하지만, 이 점이 오디세우스의 영웅
성을 깎아내리지는 못한다.

○ 네스토르

네스토르는 현명한 상담역이며, 줄거리 진행에 동기
를 부여한다. 따라서 매우 중요한 인물이다. 어떤 평론가는 그
를 우스꽝스러운 인물로 취급한다. 그가 이따금 재미난 역할
을 하는 것은 사실이다. 그러나 곁가지 잡담처럼 들리는 네스
토르의 이야기들은 다른 인물들로 하여금 필요한 행위를 하게
만들거나 그 상황과 관련해 문화적 사고를 하도록 유도하고
있다. 그의 이야기들은 항상 전례를 들어서 대비시키는 지당
한 말씀 내지 모범답안이어서, 현 상황을 타개하는 본보기로
기능한다.

현대의 독자들은 네스토르를 수다쟁이일 뿐 불필요한
인물이라거나 있어도 그만 없어도 그만인 부속물 정도로 볼지
도 모른다. 그러나 그리스군은 그렇게 생각하지 않는다. 그는
그리스군 가운데 최고령자이며, 그리스인들은 연륜에서 우러
나는 그의 장점을 발견한다. 그들은 노인은 더 많이 안다고 믿
고, 실제로 네스토르가 나이를 먹으며 터득한 지혜를 경청한다.
네스토르의 이야기와 충고는 그가 과거에 금과옥조로 섬기던
영웅적 이상을 추구하라고 젊은이들을 고취시키곤 한다.

네스토르는 젊었다면 반드시 헥토르와 싸웠을 것이라

며 그리스인들을 격려한다. 그는 과거 그가 발휘했던 용맹성
을 증명하기 위하여, 트로이 전쟁과 양상이 비슷했던 예전의
필리아 전쟁 때 자기가 에레우탈리온과 싸운 무용담을 이야기
한다. 이에 고무된 아홉 명의 전사가 헥토르와 싸우겠다며 '앞
으로 나선다.' 여기서 네스토르는 다시 지혜를 발휘하여 그들
로 하여금 제비뽑기를 하게 한다. 이리하여 헥토르의 공격으
로 유발된 무질서 상황이 네스토르의 모범답안 제시로 다시
안정을 찾는다.

　　네스토르의 이야기에는 언제나 목적이 있다. 그가 파트
로클로스에게 하는 이야기에는 아킬레스를 전쟁터에 복귀시
키려는 의도가 들어 있다. 헤라클레스가 야기한 무질서를 네
스토르가 회복시켰다는 것이 그 이야기의 내용인데, 그리스인
에게는 지도자가 필요하며 아킬레스는 그리스인들을 구하기
위해 반드시 복귀해야 한다는 메시지가 숨어 있다. 네스토르
는 아킬레스를 돌아오게 하지는 못하지만, 그리스군이 승리하
려면 아킬레스의 미르미돈군이 참전해야 한다는 확신을 파트
로클로스에게 심어주는 데는 성공한다.

　　하지만 호머는 네스토르를 상담역에 그치지 않고 그 이
상의 인물로 이용한다. 네스토르의 이야기들은 전사들에게 용
기를 갖게 하는 수단을 넘어 이 서사시를 풍요롭게 만든다. 그
리고 과거와 현재를 연결시켜주고, 그리스인의 생활과 그리스
문학의 연속성을 보여준다. 네스토르는 영웅의 불멸성을 가능

케 하는 데 결정적인 인물, 즉 기억의 전달자인 것이다.

네스토르의 모든 발언은 개인이나 집단에게 행동 동기를 유발시키려는 목적이 있다. 맨 먼저 그는 아킬레스와 아가멤논 사이의 언쟁을 말리려고 연설을 한다. 두 번째는 그리스 군인들에게 방벽을 쌓고 전사자들을 매장하자고 권고한다. 세 번째는 첩보전을 제안한다. 네 번째는 선물을 가지고 아킬레스를 친선방문하자고 아가멤논에게 건의한다. 다섯 번째는 아킬레스를 설득, 전쟁에 복귀하도록 파트로클로스를 고취시키는 이야기를 한다. 그는 과연 지혜로운 권고자였다. 그와 대화를 나눈 자들은 거의가 그의 지혜를 인정했다.

장례 경기 기간중, 아킬레스는 네스토르의 나이를 존중해 선물을 준다. 네스토르는 그 보답으로 아킬레스에게 비슷한 행복을 누리라고 축원한다. 한 평론가는 네스토르라는 존재가 있었고 그를 존중했기 때문에 아킬레스가 훗날 헥토르의 아버지 프리암을 인정하게 된다고 주장한다. 한편, 말 그대로라면, 네스토르의 젊은 시절 무용담은 아킬레스에 비해 손색이 없어 보인다.

상대방의 적대감을 누그러뜨리는 능력, 동기를 유발시키기 위해 상대방을 칭찬하는 수법, 왕에게 전술적 충고를 하는 능력은 모두 네스토르가 경험으로 습득한 것들이다. 무질서를 질서로 되돌리는 능력은 네스토르와 오디세우스가 쌍벽을 이룬다.

ㅇ 헥토르

헥토르는 트로이군의 명실상부한 지도자다. 다른 어떤 트로이 장수도 헥토르의 용기와 무용을 따라오지 못한다. 그는 장차 트로이 왕으로 예정된 인물이고, 이미 공동체에 대해 그 책임을 다하고 있다. 트로이 여인들과 트로이에 대한 그의 자세를 볼 때 그를 호머 시대의 '모범' 인물로 정의하기에 충분하다.

그러나 지혜롭지 못하게도 헥토르(트로이의 최고 전사)는 아킬레스(그리스의 최고 전사)를 다시 전장에 끌어들이는 촉매 역할을 한다. 파트로클로스를 죽임으로써 아킬레스가 전우의 원수를 갚기 위해 그를 죽이는 길밖에 없다고 생각하게 만들었고, 곧 아킬레스에게 죽게 된다. 그러나 우리는 헥토르가 트로이의 승리, 그것도 제우스가 보장했던 승리의 환상이라는 함정에 빠졌다는 사실에 유의해야 한다. 다시 말해, 그런 환상에 빠졌기 때문에 그를 포함한 모든 이들이 그 전투가 운명의 저주를 받았다는 것을 알면서도 계속 싸울 수밖에 없었다.

헥토르는 아킬레스와 비교되거나 대조를 이루는 역할을 한다. 헥토르는 가족을 가진 성인이자 책임감 강한 인간으로서 아킬레스의 좌절감이나 격정적인 감정 표출과 좋은 대조를 이룬다. 그는 타인들에 대한 봉사에 생을 바쳐온 호머 시대 인간의 이상형이다. 이와 대조적으로 아킬레스는 극단성과 과

도함 때문에 초인적인 존재로 보인다. 어쨌든 두 사람 모두 각자가 속한 군대의 위대한 전사이자 지도자다.

사회적 책임의식과 영웅적 자질에 더하여, 헥토르는 사려 깊은 지휘관이기도 하다. 그는 아이아스 텔라모니오스가 두렵지만 밤이 될 때까지 그와 용감하게 싸운다. 모든 면에서 덕성이 있고 신들에 대한 신앙심이 깊은 그는 심지어 어머니 헤쿠바가 주는 포도주마저 거절한다. 피곤한데다 부정(不淨)한 상태였고, 혹시 포도주에 취해 군에 대한 의무를 망각할 우려가 있다고 생각했기 때문이다.

덕을 중시하는 면모는 파리스가 헬렌을 납치한 것을 나무라는 데서도 볼 수 있다. 그는 파리스의 행위를 수치스런 짓이라고 지적한다. 파리스의 행위는 헥토르를 고민에 빠뜨린다. 파리스를 보호해야 하지만 한편으로는—도덕적·사회적으로는—파리스를 나무라야 옳기 때문에 영웅의 규범에 묶여 진퇴양난의 불편한 입장에 서게 된다.

헬렌 역시 헥토르를 곤경에 빠뜨린다. 트로이 궁정에서 그녀는 손님인 동시에 제수(弟嫂), 동생의 아내다. 파리스가 헬렌을 납치할 때 메넬라오스의 재물을 조금 도적질해 온 것은 있지만, 그것으로 신부가 지참금을 가지고 왔다고 할 수는 없다. 지참금이 없다는 것은 트로이의 사회적 규범에 어긋나지만 헥토르는 헬렌을 비난하지 않는다. 그러나 명백하게 부적절한 결혼이므로 헬렌은 그리스와 트로이 어느 쪽에서 보아도 사회 체제를 위협하는 무질서의 상징이다.

헥토르의 아내 안드로마케는 사회적 질서, 가족의 지속성과 밀접하게 연관된다. 헥토르가 명백하게 드러내는 아내 사랑은 정상적인 가정을 중시하는 그의 신조를 상징한다. 아내가 포로로 잡혀 다른 사나이의 노예가 되는 환상은 무질서에 대한 그의 깊은 두려움을 표현한다. 헥토르는 현실에서도 안드로마케가 그리스인의 포로가 될 것을 우려한다. 이는 그가 파리스의 잘못을 인정한다는 것을 암시한다.

헥토르의 부녀자에 대한 관계나 태도는 호머 시대 문화를 그대로 반영한다. 당시의 규범에 따르면 아들은 아버지처럼 싸워야 한다. 그러나 아들은 어머니가 키우는 것이다. 이때 어머니는 아들에게 영웅이 되되, 영웅을 낳아서 기르는 것은 어머니 곧 여자들이므로 어머니와 여자들을 위해 싸우는 영웅이 되라고 가르친다. 이러한 문화 속에서는 여자에 대한 배려가 대단할 수밖에 없다. 여자들은 어린이와 똑같이 의존적이고 노예가 되기 쉬웠기 때문이다. 따라서 영웅 헥토르는 아버지의 연장(延長)일 뿐만 아니라 어머니의 연장이기도 하다. 그리고 트로이 성 안으로 들어오라고 호소할 때의 어머니는 전쟁터에서 자비를 호소하는 탄원자의 입장이다. 헥토르는 어머니의 호소를 무시하고 전쟁터에 남아 아킬레스와 결투를 벌이는 쪽을 선택한다. 그러므로 영웅은 어머니의 연장이라는 사상에 따라 어머니에게 불상사가 생기면 헥토르는 죄의식을 느껴야 한다. 프리암도 아들에게 헤쿠바처럼 탄원한다. 그러나 그의 탄원은 가족의 지속성과 트로이를 위한 것이니, 헤쿠바와는 차원이 다르다.

〈일리아드〉에서 중요한 사상 가운데 하나는 '안배(按配), 즉 제우스의 의지'가 헥토르에게 어떤 식으로 영향을 미치느냐 하는 점이다. 제우스는 테티스와의 약속(그리스의 승리)을 이행하기 위해 헥토르를 함정에 빠뜨려 일을 그르치도록 유도한다. 제우스가 헥토르에게 신적인 도움을 주어 승리를 얻게 해주기로 약속한 것은 사실이지만, 그 승리의 약속은 트로이군이 해변가 그리스군 함대에 이를 때까지만 지속되는 제한적인 승리였다. 그러나 헥토르는 이 약속을 오해하고 궁극적인 승리가 자기 것이라고 믿었다. 그러므로 헥토르는 제우스의 도구로 보일 수 있을지언정, 제우스의 피해자라고 할 수는 없다. 헥토르는 응당 죽음을 감수해야 할 정도로 결함과 과오가 많다. 이러한 예비지식을 가지고 '헥토르의 과오가 무엇인지' 알아보기로 한다.

'과오'란 의식적으로 저지른 그릇된 행위다. 따라서 과오를 범한 자는 수치심을 느끼며 살아야 한다. 영웅이 명예만 추구하다 보면 가끔 과오를 범하게 된다. 믿음직한 전사는 존경을 받는다. 그러면 그는 자신을 과대평가하게 된다. 영웅 규범에 의하면 전사는 전투를 통해 명예를 얻어야 한다. 따라서 전사는 명예를 얻으려는 조급한 마음이 앞선 나머지 역량 이상의 행동으로 균형을 잃는 수가 있다. 헥토르의 경우, 그의 행위가 자기 나름으로 충분히 알고 한 행위인지 아닌지, 그의 어느 행위가 과오에 해당하는지, 그리고 신의 도구로 기능해서 한 행위는 어떤 것인지를 구별하기 어려울 때가 가끔 있다.

헥토르의 첫 과오는 그리스인들을 그들의 함대까지 몰아붙인 후 트로이인들에게 승리를 약속한 일이다. 그는 이튿날 일찍 공격을 해야 하니 성으로 돌아가지 말고 평원에서 밤을 새우라고 명령했다. 그러나 트로이의 승리는 헥토르가 제우스의 계획을 오해한 결과에 불과했다. 그날 제우스가 트로이군을 그리스군 함대까지 추격하게 해준 것은 궁극적 승리를 안겨주려던 것이 아니라, 아킬레스를 홀대한 그리스군, 특히 아가멤논을 응징하기 위한 안배일 뿐이었다. 그런 줄도 모르고 자신감에 찬 헥토르는 죽을 수밖에 없는 존재인 인간으로서는 주제넘은 소망을 갖게 되었고, 결과적으로 몰락의 시발점이 되었다.

두 번째 과오는 군대를 성 안으로 철수시키자는 포울리다마스의 건의를 거부한 행위다. 헥토르는 그날의 승리에 고무되어 있었고, 제우스의 약속을 철석같이 믿었지만 그의 군대가 그리스 함대에 이르는 순간 제우스는 도움의 손길을 이미 거둔 상태였다. 따라서 헥토르의 가장 큰 실수는 트로이 성벽 안 안전한 곳에 머물기를 마다한 행위였다.

호머는 트로이와 그 국민을 생각하는 지도자, 그리고

공동체의 문화적 규범을 엄격하게 신봉하는 한 사나이로서의 헥토르의 초상을 함께 보여준다. 헥토르는 트로이 안에서는 영웅적 질서의식에 입각해 닥쳐온 상황에 잘 대처한다. 그러나 도시 밖으로 나가면 눈이 멀어버린다. 이는 그의 군사적 성공 탓이거나, 자신의 힘을 과신했거나, 제우스가 트로이를 전적으로 지원하고 있다는 미망에 빠진 때문이다. 전장에서의 헥토르는 성 안에서보다 훨씬 상황 대처능력이 떨어진다. 이 서사시의 앞부분에서 그려진 헥토르와는 전혀 다른 인간으로 보일 지경이다. 헥토르는 성 밖으로 나가면서부터 고립화 과정이 진행된다. 이 과정은 성 밖 들판에서 아킬레스와 둘 중 하나가 죽을 때까지 일 대 일 결투를 벌임으로써 완벽한 고립 상태에 이르며 끝이 난다.

그의 미망은 파트로클로스를 죽였을 때 최고조에 달한다. 헥토르가 전혀 눈치 채지 못하는 가운데, 아이오스로 변장한 아폴로가 그를 꼬드겨 파트로클로스와 싸우게 만든다. "당신은 그를 죽일 수 있소. 아폴로가 그 영광을 줄 것이요." 이렇게 헥토르는 아폴로와 제우스 두 신의 도구가 되고 만다. 후에 파트로클로스가 죽으면서 말한 바와 같이, 그를 죽인 것은 제우스와 아폴로이며, 헥토르는 세 번째 살인자에 불과했다.

헥토르의 몰락은 그가 영웅의 명예규범을 어기면서 더욱 분명해진다. 그는 파트로클로스의 시체를 돌려주어 그리스인들이 명예로운 장례를 치르게 해주지 않고 트로이 성으로 끌고 가 개들에게 던져주겠다고 위협한다. 이 발언은 후에 아킬레스로 하여금 자신의 시체를 훼손하도록 재촉한 것이나 다름없다.

헥토르가 아킬레스의 갑옷을 입은 것은 아킬레스가 아가멤논과 고집스럽게 다툰 것 못지않은 잘못이다. 아킬레스의 갑옷은 헥토르의 진정한 자아를 덮어버리는 행위였던 것이다.

독자들은 헥토르가 마지막 전투에서 아킬레스와 대결할 때 그에게 연민의 정을 느낀다. 그러나 아킬레스와의 대결은 그의 타락, 주제파악 능력 부족, 미망에서 비롯된 것이니 누구를 탓하랴. 헥토르는 자신의 힘을 과대평가하고 후퇴해야 할 때 이를 거부함으로써, 영웅으로서의 균형을 유지하는 데 실패한다. 아킬레스와 맞섰을 때, 그는 보이지 않는 꿈에 현혹된 채 서 있었고, 육체적·상징적으로 자신의 공동체 바깥에 고립된 상태에서 아킬레스의 일격에 쓰러진다.

헥토르는 다른 여러 인물들보다 훨씬 복잡한 성격의 소유자다. 트로이, 부하, 가족, 도덕적·영웅적 규범에 대한 책임과 제우스의 도구 역할은 그에게 다른 어떤 등장인물도 경험하지 못한 긴장을 체험하게 한다. 헥토르는 누구보다도 위대한 군사적 무용을 떨친 전사에서 소박한 가장에 이르기까지 다양한 모습으로 묘사된다. 따라서 헥토르의 면모가 변화무쌍하고 때로 모순되는 것은 그의 인간관계와 책임이 너무나 다양하기 때문이다.

ㅇ 프리암

헬렌은 시아버지 프리암 왕과 트로이 성루에 함께 있을 때, 그리스군의 지도자들에 관해 설명해 준다. 그때 프리암은 아가멤논을 보고 왕으로서의 면모를 평가하면서, '전사이자 왕'인 그를 부러워하며 '호의와 행운을 축복받은 아이'라고 부른다. 트로이 왕으로서의 프리암은 자신에게는 역할의 이중성이 없음을 아쉬워한다. 외견상 아가멤논은 두 세계 모두에서 일인자였다. 전사이자 왕. 그에 비해 프리암은 단지 왕일뿐이다. 그는 이제 전사가 아니다. 왕권의 지속과 무용(武勇)을 모두 아들 헥토르에게 의지할 수밖에 없는 처지다. 헥토르와 아킬레스의 대결을 앞두고 성문 앞에서 프리암이 한 발언에서 독자는 트로이 멸망에 대한 예감은 물론 아들 헥토르에 대한 비탄의 심정을 엿볼 수 있다. 프리암은 헥토르가 트로이를 구할 유일한 힘이라는 것을 알고 있다. 만일 헥토르가 아킬레스의 손에 죽는다면 프리암은 가족도 나라도 보전할 수가 없다. 왕 프리암은 트로이를 구하려면 헥토르의 '힘'과 전사로서의 무용을 반드시 써야 하지만 아버지 프리암은 헥토르의 '힘'이 패배하면 자식을 잃는 안타까움을 표현하고 있다.

헥토르는 트로이의 안보를 상징하므로 반드시 싸워야 한다. 프리암도 이 점을 잘 알고 있다. 그는 왕으로서 나라를 지키기 위한 조치를 취해야 하는데 그러자니 아들을 '제물'로

쓸 수밖에 없다. 그러나 트로이의 멸망이 임박했음을 알고 있는 아버지로서는 질 싸움에 아들을 내보내 희생시키고 싶지가 않은 것이다.

프리암은 아킬레스가 헥토르의 시체를 훼손하는 광경을 보면서 아킬레스에게 죽은 여러 아들을 애도한다. 그러나 그 중에도 가장 애절한 아들은 헥토르이다. 사랑하는 아들이 부모의 품안에서 죽기를 바라는 것은 안정된 사회에서나 바랄 수 있는 소원이다. 안정된 사회에서 가족은 일종의 소우주다. 한편 프리암은 파리스를 과잉보호한 결과, 그 아들이 트로이의 사회 구조를 망가뜨렸다는 사실을 깨닫는다. 아버지의 실수가 사회 질서를 제대로 인식하는 유일한 아들 헥토르의 죽음으로 이어진 것이다.

헤쿠바는 남편이 아킬레스의 진영을 찾아가겠다고 하자 그의 안전을 염려한다. 그녀는 남편의 말처럼 신들이 남편을 보호해 줄 것 같지가 않다. 그러나 프리암의 의지는 단호했다. 그는 이리스 여신을 보았고, 그 여신의 메시지를 믿었다. 그는 헤쿠바에게 '내 궁전 안에서 나쁜 징조의 새'가 되지 말라고 경고한다. 뿐만 아니라, 그는 그리스군의 함대 곁에서 죽을 운명이라면 기꺼이 그러마고 말한다. 출발에 앞서 그는 헤쿠바의 건의에 따라 정화의식을 거행하고 신의 계시를 구한다. 그러자 제우스가 검은 독수리를 보낸다. 프리암은 자신의 임무가 신의 승인을 받았음을 확인한다.

프리암 일행이 아킬레스 진영을 향해 떠나는 길은 초현실적이고 몽환적인 분위기를 자아낸다. 그들이 말을 타고 강을 건널 때 어둠이 내린다. 마치 지하세계로 내려가는 것 같은 장면이다. 뿐만 아니라 실제로 제우스가 헤르메스를 보내 프리암 일행의 방문길을 인도했다. 헤르메스의 등장은 프리암의 '도강'을 상징한다. (강을 건넌다는 것은 지하세계 하데스로 내려가는 것을 말한다.) 프리암이 아킬레스를 만나는 것, 반대로 아킬레스가 프리암을 만나는 것 역시 상징적으로 '도강' 행위였다. 만남의 결과 두 사람에게는 새로운 정신세계가 열리면서 각자 새로운 정신적 가치들을 발견하게 된다. 프리암은 홀로 가서 아들의 시체를 애걸하는 일에서 일종의 모욕감을 확실하게 느낀다. 그리고 아킬레스를 직접 대면한 터이니, 앞으로 멸망이 확실시 된다고 해도 미래에 정면으로 맞설 자신이 생긴 것으로 보인다.

프리암이 찾아오기 전까지 아킬레스는 파트로클로스를 제외한 누구에게도 동정심을 가져본 적이 없다. 프리암의 방문으로 두 사람은 인간 공통의 유대를 이해하게 된다.

프리암은 이리스의 지시에 따라 탄원자의 입장에서 아킬레스를 찾아간다. 그는 트로이 왕이 아니라 한 아버지였다. 프리암이 왕의 자격으로 찾아갔다면 교섭의 성격을 띤 방문이었을 것이고, 두 사람은 그 만남에서 정신적 소득을 얻을 수 없었을 것이다. 그러나 프리암은 탄원자로서 갔기 때문에 우호적인 손님의 범주에 들었고, 아킬레스는 그를 헥토르의 아버지로 맞이했다. 프리암은 아킬레스의 손에 입을 맞추면서 왕의 지위를 제쳐두고 아킬레스에게 그대의 아버지를 상기해보라고 말한다. 프리암은 그의 아들들이 많이 죽었고 그 중에 자기를 도울 수 있던 유일한 아들(헥토르)이 죽어서 지금 아킬레스의 진중에 있다, 그리고 자기는 그 아들을 죽인 바로 그 손에다 입을 맞추었다고 말한다. 프리암은 아들의 원수를 갚으려 하지 않고 오히려 그 원수의 손에 입을 맞춤으로써 금기를 깨뜨렸고, 그 행위로 아킬레스 앞에서 자신을 낮춘 것이다.

프리암의 언행은 아킬레스로 하여금 그를 아버지처럼 생각하게 만들면서 내부에 잠재한 동정심을 발동하게 만든다. 프리암이 헥토르의 죽음을 애도하는 동안, 아킬레스는 자신의 죽음을 놓고 아버지가 견뎌야 할 슬픔을 상상하며 애달파 한다. 두 사람이 함께 애통해 하는 가운데, 아킬레스의 분노는 고뇌로 바뀌고, 프리암의 고뇌는 용서로 변한다. 두 사람은 마음의 고통을 공유하면서 특이한 친밀감을 형성한다.

프리암과 아킬레스는 상대의 고통에 연민을 느낌으로써, 현실을 뒤에 남겨놓고 인간애라는 신성한 영역으로 들어간다. 아킬레스는 새로운 성찰을 통해 자신을 순화시키기 시작한다. 그는 세상을 새롭게 이해하고, 자기와 세상, 그리고 자기와 세상의 규범 사이의 관계를 새로이 정립한다. 프리암은 분명히 사회적 규범을 준수하고 신들을 잘 섬기는 선량한 사람이다.

문제는 아들 파리스였다. 파리스는 '환대받은 자는 채무자'라는 사회적 규범을 위반하고, 그리스의 기혼녀를 납치하는 잘못을 저지르고는 아버지에게 용서를 강요했다. 그는 헬렌을 집에 들이도록 강제로 승낙을 받아냄으로써, 프리암이 그의 과오를 용서하도록 만든 것이다. 파리스의 이런 행위는 트로이인들의 사회적 규범을 시험대에 오르게 한 것이고, 마침내는 프리암의 가족과 트로이 사회, 그리고 궁극적으로는 트로이 자체를 총체적으로 파멸에 이르게 했다. 파리스의 행위는 분명히 잘못이었지만, 프리암의 행위는 어떤가. 굳이 말하자면, 프리암은 현명하지 못해 사회 규범을 침범했는데, 그 사회 규범이 너무나 모순에 차 있었기 때문에 총체적인 파멸 이외엔 다른 해답이 없었다고나 할까?

마무리
노트

호머 시대의 영웅과 문화

개인의 명예라는 관념은 〈일리아드〉 전편을 지배하고 있다. 호머 시대의 문화에서는 누구에게나 명예가 소중했지만 특히 영웅에게는 지상 과제였다. 영웅은 모욕을 참지 못한다. 영웅은 죽더라도 명예만은 지켜야 했다. 영웅의 의무는 싸우는 것이었다. 그가 불멸의 영광을 얻는 유일한 길은 전쟁터에서 영웅적인 행위를 하는 것뿐이었다. 따라서 그는 사느냐 죽느냐의 갈림길인 전쟁터에 나갈 준비에 평생을 바쳤다. 영웅은 전쟁터에서 상대와 맞서야 한다고 여겼다. 그러나 서로를 존중해야 하며 지나치게 잔인한 행위는 자제해야 한다고 믿었고, 이런 믿음은 매우 중요한 조건이었다. 고의적인 잔인한 행위나 의롭지 못한 짓을 극도로 싫어했다. 상대방을 죽여야 할 경우 신속하게 해야 하며, 상대방의 시체를 모독해서는 안 된다고 믿었다. 영웅은 이런 규범을 따름으로써 위엄과 명성, 그리고 그가 속한 공동체의 기억 속에 한 자리를 차지하는 명예를 얻었다.

영웅은 가정과 전쟁터에서의 삶의 지침이 되는 사회적·문화적 규범을 엄격히 지키며 살았다. 영웅으로서의 위치는 사회에서의 자신의 위치를 얼마나 제대로 이해하느냐, 얼마나 사회의 기대에 부응해 성과를 올리느냐에 달려 있었다. 영웅이란 고통과 죽음이 들어 있는 영웅적 삶의 전형을 기꺼이 받아들이는 자여야 했다. 말로써 생각을 나타낼 때는 그 생각이 사회나 신에게서 비롯된 것이지, 자기 자신에게서 나오는 것이 아니라고 믿었다. (영웅의 독백은 그냥 혼잣말이 아니라, 영웅이 '그의 고결한 정신'을 상대로 하는 말이다. 이때, 그 고결한 정신이란 올바른 판단을 내리도록 도와주는 어떤 제3자인 것이다.)

영웅의 지위를 누리려면 공동체에서의 명예가 절대적으로 필요했다. 가족과 국가와의 관계는 그의 세계의 전부였다. 만일 그가 공동체가 내린 개인적 명예나 영광을 상실하면, 그의 삶은 더 이상 의미가 없었다. 예를 들어, 아킬레스는 아가멤논이 브리세이스를 빼앗아 가자 명예를 잃었다고 느낀다. 후에 아가멤논이 많은 선물을 주며 회유하려 하지만 응하지 않는데, 이는 만일 그 제안을 받아들이면, 이미 잃은 명예를 또다시 잃게 되는 것이라고 생각했기 때문이다.

영웅의 사회적 책임은 영웅이라는 지위 유지에 필수적이었다. 그러나 그 지위를 확립하는 유일한 길은 전쟁에 나가 영웅적인 성과를 올리는 일이었다. 나아가 사회적 상황과 도덕을 존중하고 준수해야 했다. 윗사람을 존경하고, 친구들에게 충직하고, 자기 자신, 가족, 공동체를 욕되게 하지 않아야 했다. 불가피한 퇴각은, 그것이 최선의 선택이었다면 수치가 아니었다. 그러나 파트로클로스는 패퇴하는 트로이군을 성벽까지 추격하지 말라는 아킬레스의 경고는 물론, 경우에 따라서는 퇴각이 수치가 아니라는 원칙을 잊었다. 그가 이런 잘못을 범한 것은 이성을 잃었기 때문이다. 자만심이 이성을 정복해 버린 것이다.

호머 시대에는 사회적·종교적 의식을 비롯한 공동체 생활 전체를 지키는 일을 영웅들에게 의존했다. 영웅은 주어진 사회적 지위에 해당하는 책임을 져야 했고, 전사는 전쟁터에서 무공을 발휘해 자신의 지위를 정당화해야 했다.

영웅의 책임에는 한계가 있다. 영웅이 자기는 분명히 신의 도구로 쓰일 뿐이라고 확신할 때는, 신에게 책임을 전가시킨다고 그를 몰아붙일 수 없다. 예를 들어, 아가멤논은 아킬레스의 전리품을 빼앗은 책임을 제우스와 운명에 전가한다. 그는 "모든 것을 수행하는 자는 신이다"라고 말하고는, 그를 휘감은 것이 '미망'이었다고 주장한다. 이는 책임전가인 측면도 있겠지만 꼭 그렇지만은 않다. 비슷한 경우로, 아킬레스가 아가멤논을 향해 칼을 뺄까 말까 망설일 때, 아테나가 그의 머리칼을 잡고 아가멤논과 싸우지 말라고 경고한다. 이 경우 아킬레스에게는 그의 분노에 대해서건, 아가멤논을 죽이지 않은 데 대해서건 어느 쪽도 책임이 없다. 사실, 아킬레스도 아가멤논도 한 발은 폭력의 경계에 들여놓았으면서도 자신들의 감정적·물리적 행동에 대해서는 책임을 인정하거나 느끼지 않는다. 영웅은 자신의 행동이나 사고가 외부의 힘, 즉 신에 의해 일어난다고 믿었다. 그러므로 외부의 힘, 즉 신의 지시를 따라

신의 도구가 되기로 한 영웅의 결정에 대해 누구도 개인적 책임을 운운할 수가 없는 노릇이다.

영웅에게는 항상 두 가지 선택이 있다. 그는 외부의 힘에 따를 수도 있고, 스스로 결정을 내릴 수도 있다. 이런 개념은 영웅이 되는 것은 그럴 만한 자질을 갖추었기 때문이라는 생각에서 유래한다. 그 자질 가운데 하나가 영웅적 균형이다. 신 앞에서도 자신의 위대함을 고집하면서 적절한 겸손함을 유지하는 것을 영웅적 균형이라고 한다. 그는 자기 자신을 알아야 하고, 어떤 상황이 닥쳤을 때 이를 평가하고 대응해야 한다. 신이 도움의 손길을 거둬들일 때 그것을 감지할 수 있어야 하고, 감지한 그 순간 전투에서 물러나야 한다. 만일 그의 행동 가운데 어느 부분이 신의 지배를 받아 일어난 것인지 인식하지 못한다면 그는 영웅적 균형을 잃은 것이고 비극적 실수를 저지른 것이다. 신의 지시를 따르지 않고 행동했다가 잘못되었을 경우 그것은 고스란히 자신의 수치가 되고, 사회적 인정과 명예를 상실한다.

수치에 대한 두려움 때문에 영웅은 모든 사회적 상황과 세평에 예민하게 반응한다. 제대로 대처하지 못하면 조롱거리가 되기 때문이다. 그러나 세인들의 악평을 무릅쓰고, 제1권의 다툼에서 아가멤논과 아킬레스가 벌이는 행동에 주목해야 한다. 그 두 사람은 모두 잘못했다. 아가멤논은 브리세이스를 달라고 함으로써 아킬레스를 모욕했고, 사회에 대한 영웅의 도리를 어겼다. 아킬레스가 아가멤논을 죽이겠다고 위협한 일은, 실행에 옮겼을 경우에는 윗사람에 대한 불경이 될 뿐만 아니라 그리스군 전체가 전쟁을 포기하고 돌아가야 하는 결과를 낳았을 것이다.

영웅들은 끊임없이 수치에 대한 두려움을 느끼며 지냈다. 그들은 사회의 평가를 두려워했다. 영웅은 사회의 도덕에 순응하는 이외에 개인적 도덕을 따로 구분해서 가지지 않았으며, 세인들의 인정을 얻는 데만 전적으로 몰두했다. 만일 세평에 순응하지 않다가는 사회의 분노, 나아가 수치를 각오해야 했기 때문이다.

〈주제 1〉 분노, 다툼, 소외, 그리고 화해

〈일리아드〉의 중심 주제는 이 시의 첫 행에 들어 있다. 호머는 뮤즈 여신에게 "아킬레스의 분노"를 노래하라고 청한다. 이 분노는 변모해 다른 일에 영향을 끼치고, 그에 따른 결과를 유발하면서 서사시를 엮어간다. 다툼, 소외, 화해도 사실은 호머가 분노라는 주제를 영웅 문화라는 문화적 틀 속에서 발전시키고 변조시킨 결과물에 지나지 않는다.

불화의 결과로 명예심이 손상됨으로써 발생한 아킬레스의 분노는 그를 그리스인, 그리고 결국에는 인간 사회로부터 소외시킨다. 그 다음, 그의 분노는 그를 상대방인 헥토르와 선명하게 대비되도록 한다. 그러다가 마침내 분노를 가라앉히면서 먼저 그가 속했던 공동체, 그리고 보편적 인간 사회로의 화해와 재통합이 일어난다. 아킬레스의 분노에서 야기된 위의 기본적인 세 단계를 염두에 둔다면 이 작품의 원대한 설계가 전쟁보다도 오히려 아킬레스의 성장과 발전에 초점을 맞추었다는 것을 간파할 수 있다.

아킬레스의 분노는 그의 명예심에서 생겨났다. 그리스인, 특히 영웅의 명예에는 여러 개념이 있다. 첫째는 탁월함을 추구하는 것. 둘째, 대인관계에서 서로를 적절하게 대우하는 고상함. 서로 인격적 존경과 명예를 인정받는 것은 그 사회가 제대로 기능하는 데 필수적이다. 셋째, 용맹. 이것은 전사들이 전투에서 무공을 세워 획득하는 것이다. 넷째, 생전에 쌓은 업적에 따라 영원히 지속되는 명예와 영광. 아킬레스의 분노는 이런 개념에 바탕을 두고 생겨난 것이다.

명예라는 관념의 저변에는 또 다른 그리스적 개념인 다툼이 있다. 이것은 불화의 여신 에리스로 인격화되어 있다. 그리스인들은 인생은 다툼과 혼란을 바탕으로 전개된다고 믿었다. 따라서 다툼을 피하려는 것은 인생 자체를 회피하는 짓이므로 다툼의 요인들을 타협하고 조정하는 것을 훌륭한 인생으로 여겼다. 그렇지만, 전쟁, 자연, 성격 등 타협이 철저히 불가능한 요인들이 포함된 다툼도 있다. 이런 근본적인 다툼은 결국 악으로 변하기 십상이다. 그런데 아킬레스의 분노에는 이 두 가지 유형의 다툼이 모두 들어 있다.

사실, 아킬레스의 인생은 이런 다툼을 방지하려는 의도에서 아주 의미심장한 방식으로 시작되었다. 그의 부모, 여신 테티스와 인간 펠레우스는 다툼을 피하려는 의도에서 불화의 여신만 제외하고 신들을 모두 초대해 결혼식을 치른다. 그러나 불화의 여신 에리스가 요정 이야기에 나오는 마녀처럼 결혼식에 굳이 나타나, "최고 미인에게"라는 메모가 달린 황금 사과를 던지고 사라진다. 따라서 다툼은 이미 부모의 결혼식 때부터 끼어들어 활동을 시작해 결국에는 트로이 전쟁이라는 거대한 다툼으로 발전했다.

아킬레스라는 개인을 놓고 볼 때, 그는 긴장과 대립의 화신이다. 부모 중 한쪽은 인간이고, 다른 한쪽은 신이기 때문에 그는 인간과 신을 겸해서 안다. 자기도 죽을 수밖에 없는 존재임을 알지만, 동시에 영원한 존재로서의 의식도 갖는다. 그는 전쟁을 피하면 오래 살 수 있지만, 싸우면 젊어서 일찍 죽는다는 것을 알고 있다. 영광과 영원한 명예를 자기 것으로 하자면 일찍 죽는 길밖에 없고, 장수를 누리자면 그리스인들이 추구하는 궁극적인 영광을 포기할 수밖에 없음을 안다. 처음에 그는 여자인 척하면서 트로이 전쟁을 피하려고 한다. 그러나 그가 자주 그러듯이, 애써 피하려던 일에 오히려 직접 뛰어들어 그 일을 해버린다.

아킬레스는 명예를 공격당했다고 느끼는 사건 — 아가

멤논이 브리세이스를 빼앗아간 사건 — 이 일어나자 곧바로 첫 분노를 터뜨린다. 그가 이 사건에 대응해 전쟁터에서 철수함으로써 개인적으로나 전쟁이라는 큰 테두리에서나 다툼이 확대된다. 그는 전우들과 명예롭게 싸우고 싶은 욕망과 아가멤논에 대한 정당하긴 하지만 성급한 분노 사이에서 자신을 조절할 수가 없다. 더구나 그의 철군으로 인해 전황은 매우 다급해지고, 트로이군의 맹공으로 그리스군은 거의 궤멸의 위기에 처한다.

내적 갈등, 사회로부터의 소외감, 그리고 이런 문제를 조정하고 해결할 능력의 부재로 고민하던 아킬레스는 분신인 전우 파트로클로스를 전선으로 내보낸다. 파트로클로스는 아예 아킬레스의 갑옷을 입고 그가 복귀한 것처럼 보이게 하려고 한다. 그런 파트로클로스가 죽자 아킬레스의 내적 혼란이 엄청나게 증폭된다. 파트로클로스를 대신 보내 죽게 만들었으니 이제는 친구의 죽음에 대해 책임을 져야 한다. 한편, 트로이군은 사기가 충천했으니, 이 전쟁은 곧 트로이의 승리로 돌아갈 판이다.

이 시점에서 아킬레스는 첫 분노를 일으킨 다툼을 해결하지만, 해결이라기보다는 헥토르를 죽이겠다는 두 번째 분노, 인간의 차원을 초월할 정도의 거대한 분노로 발전했다고 할 수밖에 없다. 아킬레스는 파트로클로스의 죽음에 대한 자책감과 파트로클로스를 죽인 헥토르에 대한 강한 증오심에 치를 떤다. 〈일리아드〉의 마지막 다섯 권에서 이 증오심은 초인적인 격정으로 변해 아킬레스로 하여금 무용을 펼치게 만든다. 그의 격정은 헥토르를 죽이는 데 그치지 않고 시체 모독과 훼손이라는 한계를 넘는 행동으로까지 옮겨간다. 이 순간 그는 인간성으로부터 완전히 소외되는 문턱에 서게 된다. 아킬레스가 거대한 분노를 야기한 충돌과 다툼을 해소하게 되는 것은 후에 프리암의 호소를 듣고 산 자와 죽은 자 모두에게 동류의식을 느끼면서부터다.

화해는 아킬레스의 분노를 끝낼 뿐만 아니라 아킬레스를 전사 이상의 영웅으로 만든다. 아킬레스의 분노는 두 개의 거대한 파도로 일어난다. 첫 파도는 아가멤논과의 충돌로 일어난 철군인데, 아가멤논의 선물 제안을 수락하고 브리세이스에 관한 합의에 도달함으로써 가라앉는다. 두 번째 파도는 파트로클로스의 죽음으로 인해 일어나며, 헥토르의 시체를 프리암에게 돌려줌으로써 가라앉는다.

위의 두 경우에서, 아킬레스의 분노는 그를 주변으로부터 소외시켰다. 첫째 경우에는 다른 그리스인들, 전우들로부터 소외되고, 둘째 경우에는 인간성 전반으로부터 소외된다. 그러다가 화해에 이르면서 첫째 경우에는 그가 속한 그리스 사회로, 둘째 경우에는 인간공동체 전체로 다시 통합된다. 그렇지만 아킬레스는 여전히 쉽게 이해할 수 없는 영웅이다. 그를 인정하고 존경은 하지만, 헥토르처럼 쉽게 이해할 수가 없다. 화해가 진행되는 과정에서 아킬레스는 오이디푸스나 베어울프, 햄릿처럼 잊을 수 없는 영웅적이고 고상한 문학적 인물이 되지만 여전히 어딘가 남다르고 따로 떨어진 느낌을 준다.

아킬레스는 화해를 통해 〈일리아드〉의 비극적 특성을 실현한다. 그가 전쟁터에 돌아가지 않았다면 그의 분노는 고집스런 이기주의에 불과했을 것이다. 참전하면 죽는다는 것을 알면서도 전쟁터로 돌아갔기 때문에 아킬레스는 영웅, 그냥 영웅이 아니라 비극에 감동한 영웅이 된 것이다. 만약 아킬레스가 헥토르의 시체를 비탄에 빠진 프리암에게 돌려주지 않았다면 파트로클로스를 애도하고 헥토르를 증오함으로써 일어난 그의 분노란 그저 어리석은 인간의 복수심의 발로에 지나지 않을 것이다. 아킬레스는 자신이 패배한 자 헥토르와 닮은 꼴의 처지임을 깨닫고 프리암에게 친절을 베풀었다. 바로 이 행위로 인해 그는 비극의 주인공일 뿐만 아니라 하나의 실존적 영웅인 것이다.

아킬레스가 자기가 죽인 자들과 동류의식을 느낀다는 사실은 〈일리아드〉를 실존적 비극의 수준으로 고양시킨다. 아킬레스는 제22권에서부터 이런 기분을 갖기 시작한다. 그는 리카온을 죽이기 전에 말한다. "이리 오게, 친구. 자네 또한 죽어야 하네." 대부분의 비평가들은 아킬레스가 죽음의 필연성을 받아들이며 리카온, 파트로클로스, 자기 자신, 그리고 이미 죽었거나 앞으로 죽을 모든 전사들 사이의 동류성을 암시하는 이 장면을 이 시의 숭고한 한 순간으로 평가한다. 이처럼 죽음을 받아들이는 자세는 카뮈의 〈이방인 *The Stranger*〉에 나오는 뫼르소의 인식과 비슷하다. 뫼르소는 자신의 처형, 즉 죽음을 자신을 모든 인간세계와 연결하는 유대로 인식한다. 뫼르소처럼 아킬레스도 소외된 인물이다. 그리고 그가 죽음의 필연성을 수용하는 것은 자기도 인간세계와 공통 유대를 가지고 있다는, 그 이상 갈 데가 없다는 마지막 주장이다.

죽음을 수용하는 아킬레스의 자세는 헥토르의 시체를 프리암에게 돌려주는 장면에서 절정에 이른다. 아킬레스는 다가오는 죽음을 점점 더 의식한다. 헥토르의 시체에 분풀이를 하면서도 자신의 죽음이 예시되는 것을 본다. 그는 장례 경기에서는 동료 그리스인들에게 되돌아간다. 그리고 프리암과는 인간세계로 되돌아간다.

〈일리아드〉를 설명하는 데 소외, 실존, 비극 따위의 단어가 사용될 수 있다는 것은 호머의 업적이 그만큼 위대함을 증명한다. 이 작품에 내재된 사상은 모든 훌륭한 문학 작품에도 공통적이다. 말하자면, 고대 문학의 영웅은 또한 현대 문학의 영웅이기도 한 셈이다.

〈주제 2〉 개인과 사회

호머는 아킬레스와 헥토르의 대비를 통해 개인적 가치

와 사회적 가치 사이의 충돌을 전개시킨다. 아킬레스는 사회로부터 소외되어 자신만의 자존심과 명예의 틀 속에서 사고하는 개인을 상징한다. 그는 열정과 감성을 대표하는 경향이 있다. 위대한 서사시에 나오는 많은 영웅들과 마찬가지로, 그도 결국은 이해하기 힘든 인물이다. 반대로, 위대한 트로이 영웅 헥토르는 훨씬 더 인간적이다. 그는 열정을 누르는 이성의 좋은 본보기가 되는 인물이다. 그는 다툼의 원인(파리스와 헬렌)이 파국을 감수할 만한 가치가 없다는 사실을 알면서도 나라를 위해 싸우다 죽는다. 전쟁중에도 아킬레스에 비하면 훨씬 인간적인 면모를 보여준다. 주저하기도 하고, 이유를 대기도 하고, 부상도 입는다. 위기의 순간에는 달아나기도 한다. 독자들은 본연의 임무에 신경을 쓰는 가정적인 남자 헥토르에게서 자신의 모습을 발견한다. 소외된 외톨이 아킬레스는 독자의 이해 범위 밖의 존재다.

　　호머는 이들의 가치체계를 비교해 나가지만 간단한 설명으로 되는 일이 아니다. 두 사람의 싸움에서 승자는 아킬레스이지만 독자에게 더 공감이 가는 인물은 헥토르이며, 대부분의 경우, 더 존경스럽다. 두 사람의 결투에서는 승패가 났지만, 사상적인 측면에서는 그 누구도 승자가 아니다. 그들의 사상과 가치관은 비판의 대상인 동시에 극찬의 대상이다. 개인 중심 가치체계와 사회중심 가치체계는 우열을 가릴 수가 없다. 제대로 돌아가는 공동체를 위해서는 두 가지 모두가 필수적이기 때문이다.

가치 측면에서 헥토르는 분명히 사회 규범을 지지하는 입장이다. 제6권은 헥토르와 헥토르의 가까운 친족을 소개하는 장으로 유명한데, 여기서는 어머니 헤쿠바, 아내 안드로마케, 아들 아스티아낙스 등이 소개된다. 이 권에는 〈일리아드〉의 다른 부분에서 볼 수 없는 친밀감과 부드러움이 있다. 사회는 사랑과 가족의 유대를 바탕으로 한다. 헥토르는 그 유대를 포용하고 지키기 위해 싸운다. 안드로마케는 헥토르에게 전쟁터에 가지 말라고 호소하지만, 전쟁터에서 도망가는 것은 싸워서 지는 것보다도 훨씬 더 확실하게 사회의 가치를 파괴하는 일이다.

헥토르와는 대조적으로 아킬레스에게는 전리품인 브리세이스뿐이다. 그녀는 노예첩이고, 아킬레스와 파트로클로스에게 정감을 표시하지만 진정한 유대는 없다. 아킬레스는 브리세이스 문제로 전선에서 철수했지만, 전리품 분배에서 속았다는 생각 때문이지 그녀를 위해서가 아니다. 그는 자신의 규범에 따라 행동하는 개인일 뿐, 자기 행동이 더 큰 사회 공동체에 미치는 영향 같은 것은 염두에 두지 않는 인물이다. 반대로 헥토르는 자신의 행동을 전반적인 공동체의 맥락에서 본다.

동기 측면에서도 헥토르가 훨씬 더 이해하기 쉽다. 그는 책임과 의무에 따라 움직인다. 그 역시 가족과 성 안에 머물고 싶었을 테지만 자신이 있을 곳은 전쟁터임을 알고 있다.

그는 파리스에게도 같은 의무가 있음을 각인시킨다. 헥토르는 아킬레스를 피해 달아나지만 아테나가 의무감을 자극하자 이내 돌아선다. 영웅 헥토르는 이성에 기초해 결정을 내리고, 그의 이성과 의무감은 두려움이나 공포감까지도 어렵지 않게 이겨낸다.

아킬레스는 자신이 무시당했다며 전선에서 철수했다가 복수를 위해 돌아온다. 그의 행동 동기는 표피적인 감이 있고, 전리품에 기초한 것으로 보이며, 개인적인 괴벽에 기인한 것처럼 느껴진다. 개인적인 영웅은 남들이 이해하지 못하는 자신만의 이유 때문에 싸운다. 아킬레스가 전쟁에 합류하기로 결정할 때는, 자신이나 남에게 싸움의 결과가 어떻게 나타날지는 거의 안중에 없다. 자신이 싸우려는 목적, 오직 그것만이 중요하다. 심지어 그는 전투를 앞두고 병사들이 배불리 먹어야 한다는 말에도 이의를 제기한다. 두려움에 직면한 헥토르가 보여주는 확고부동함은 존경스럽다. 그러나 광기에 찬 아킬레스의 행동이 훨씬 더 강한 인상을 주는 것은 사실이다.

끝으로 헥토르는 보다 인간적이다. 그는 전투에 자신만만한 투사가 아니다. 아이아스와의 전투에서 경험했듯이, 불패의 전사도 아니다. 그는 평화를 갈망하고, 아킬레스의 끓어오르는 분노를 절망적으로 두려워한다. 쉽게 말하면 약점을 가진 인간적 영웅이다. 반대로 아킬레스는 많은 면에서 평범한 인간으로서의 성향이 결핍되어 있다. 친구들이 전선 복귀를 호소해도 국외자처럼 방관한다. 그러나 일단 전쟁을 벌이면 자신의 안위조차 신경 쓰지 않는 초인이 된다. 강의 신과 싸울 때도 그가 걱정하는 것은 죽음 그 자체가 아니라 수치스런 죽음이다. 아킬레스가 보여주는 유일한 인간적 면모는 헥토르의 시신을 프리암에게 돌려줄 때뿐이다.

결국, 헥토르와 아킬레스는 개인의 가치 대 사회의 가치의 대비를 보여준다. 트로이 전쟁이 끝날 무렵에는 헥토르도 아킬레스도 죽는다. 어느 쪽도 자기가 상징하는 가치가 궁극적 승자임을 보여주지 못한다. 아마 최후의 승리를 거두는 가치는 오디세우스의 가치일 것이다. 그는 지혜와 감성을 보다 완벽하게 혼합해서 지니고 있는 인물이다. 헥토르는 아킬레스보다 훌륭한 이웃이 될 것이고, 아킬레스는 헥토르보다 훌륭한 군인이 될 것이다. 그리고 우리에게는 이들이 모두 필요하다는 것을 호머는 보여주고 있다.

이 부분은 원작에 대한 이해력을 테스트하는 난입니다. 다음의 네 가지 코너를 차례로 끝내면, 〈일리아드〉에 대한 포괄적이고 의미 있는 파악이 가능해질 것입니다.

A   다음 질문에 알맞은 답을 고르시오.

1. 〈일리아드〉의 첫머리에 선언된 주제는?
   a. 슬픔　　　　b. 전쟁　　　　c. 분노　　　　d. 화해

2. 그리스군에서 웅변술과 전술이 가장 뛰어난 인물은?
   a. 오디세우스　　　　　　b. 디오메데스
   c. 아이아스 텔라모니오스　　d. 이도메네우스

3. 트로이군과의 전투에서 파트로클로스가 범한 잘못은?
   a. 헥토르에게 도전한 것　　b. 갑옷을 벗어버린 일
   c. 제우스를 저주한 일　　　d. 트로이 성벽까지 쳐들어간 일

4. 헥토르의 동생 데이포부스인 척하면서 헥토르를 부추겨 아킬레스와 싸우게 한 신은?
   a. 아테나　　b. 제우스　　c. 아프로디테　　d. 포세이돈

5. 헥토르의 시체가 트로이에 돌아온 지 며칠 후에 전쟁이 재개될 예정인가?
   a. 10일　　　　b. 11일　　　　c. 12일　　　　d. 15일

정답: 1. c 2. a 3. d 4. a 5. c

1. (   )은(는) 스파르타의 왕 메넬라오스의 아내인데, 그녀의 납치로 말미암아 트로이 전쟁이 일어났다.

2. 한 전사가 가장 뛰어난 전투를 벌인 날을 가리켜 (   )(이)라고 한다.

3. 헥토르의 아들은 (   )(이)고, 아내는 (   )(이)다.

4. 오디세우스와 디오메데스에게 피살된 트로이의 첩자는 (   )(이)다.

5. 전투에 다시 참가한 첫 미르미돈군은 아킬레스의 친구 (   )(이)다.

6. 아킬레스의 새 방패는 (   )이(가) 만든 것이다.

7. 헥토르와 아킬레스는 트로이 성 (   ) 앞에서 결투를 벌였다.

8. 아킬레스는 헥토르의 시체를 결국은 (   )에게 내준다.

모범답안: 1. 헬렌 2. 아리스테이아 3. 아스티아낙스, 안드로마케 4. 돌론 5. 파트로클로스 6. 헤파이스토스 7. 스카에아 문 8. 프리암

C 원작에서 다음 인용문을 찾아, 그 장면에 대해 설명하시오.

1. 분노―시의 여신이여, 펠레우스의 아들 아킬레스의 분노를 노래하시라.

2. 내가 만일 지금 전투가 두려워 겁쟁이처럼 위축된다면, 트로이 남자들과 옷자락을 끌며 지나가는 트로이 여자들의 얼굴을 보기가 수치스러워 죽고 말 것이요. 물론 나는 내 가슴속으로 잘 알고 있소. 이 거룩한 트로이도, 아버지 프리암 왕도, 그리고 그의 모든 백성들도 그와 함께 멸망해 사라질 날이 올 것이요.

3. 불을 가져오너라! 모두 함께 소리쳐 하늘에 닿게 하라! 오늘은 제우스 신께서 잡아주신 날, 다른 모든 날을 합한 것보다도 더 값진 날이다. 오늘 적의 함대를 탈취하리라.

4. 영원히 죽지 않는 분들이 우리 삶을 휘둘러놓는 탓에 우리 불쌍한 존재들은 그 고통을 참고 살아야 하지만, 신들은 그런 고통으로부터 자유롭지요.

모범답안: 1. 제1권. 작품의 첫머리에서 저자(또는 낭송자)는 시의 여신에게 자기 글(또는 목소리)을 통해 아킬레스와 그의 분노를 이야기하라고 요청하고 있다.
2. 제6권. 헥토르가 아내 안드로마케에게 자기가 전투에 나가 싸워야 하는 이유, 전쟁에 관한 운명론적 견해를 피력하고 있다. 이 말 뒤에 그는 모든 인간은 운명을 피할 수 없다고 덧붙이고 있다.
3. 제15권. 헥토르의 말. 그리스군의 함대에 불을 지르려는 참이다. 트로이군의 승리가 최고조에 이른 때.
4. 제24권. 아킬레스의 말. 프리암과의 대화를 통해 헥토르를 향한 그의 분노가 누그러진다. 신과 달리 인간은 고통을 겪고 슬픔을 느끼며 살아야 한다는 것을 아킬레스도 이해하고 있음을 보여주는 대사.

D 다음 주제에 대해 간단히 서술하시오.

1. 제1권에서 일어난 아가멤논과 아킬레스 간의 다툼에 관해 설명하라.

2. 저자가 함대의 목록을 서술한 목적은 무엇인가?

3. 제6권은 〈일리아드〉의 다른 부분들과 어떻게 다른가?

4. 〈일리아드〉의 전체 줄거리 가운데 디오메데스, 오디세우스, 돌론,
   세 사람의 이야기가 삽입된 목적은 무엇인가?

5. 아킬레스의 방패를 묘사하고 그 상징을 설명하라.

6. 아킬레스의 말이 한 말의 의미는 무엇인가?

7. 신들의 전쟁은 왜 일어나는가?

8. 아킬레스와 헥토르의 결투로 상징되는 가치의 충돌에 관해 설명하
   라.

9. 시의 전개에 따라 아킬레스가 어떻게 변화하는지 설명하라.

一以貫之

논술노트

신과 영웅을 통해 인간의 삶을 노래하다 ○

실전 연습문제 ○

一以貫之는 '논어'에 나오는 말로 '모든 것을 하나의 이치로 꿴다'는 뜻입니다.

논술의 주제와 문제 유형, 제시문들은 참으로 다양하고 가지각색입니다. 그러나 그 모든 것을 하나로 꿸 수 있습니다. '인간사회의 보편적 문제들에 대한 근원적인 물음에 답하는 자기 나름의 견해'라는 것이지요. 논술은 인간이면 누구나 부닥치는 개인적 또는 사회적 문제들에 대한 자기 나름의 고민이자 성찰입니다. 논술은 자기견해, 자기 가치관, 자기 삶에 대한 솔직한 고백입니다.

一以貫之 논술 연구모임은 '자신의 물음'과 '자신의 생각'을 갖고 '자신의 글'을 쓸 수 있도록 도와줍니다.

〈집필진〉
이호곤, 전경훈 우한기, 박규현, 김법성, 김재년, 김병학, 도승활, 백일, 우효기, 조형진

신과 영웅을 통해 인간의 삶을 노래하다

왜 신과 영웅인가?

〈일리아드〉는 기원전 8세기경 그리스의 호머가 쓴 것으로 알려진 장편 서사시다. 배경은 트로이 전쟁이며, 주요 등장인물은 주인공 격인 아킬레스를 비롯해 고대 그리스인들에게 입에서 입으로 전해 오던 신과 영웅들이다. 신과 영웅들의 이야기는 인간들이 지어냈으며, 결국 그것을 지어낸 인간들의 의도가 담겨 있다. 〈일리아드〉 역시 호머와 이를 널리 전해 오던 고대 그리스인들의 의도가 담긴 문학작품이다. 도대체 호머는 왜 이처럼 방대한 분량의 서사시를 지었고, 고대 그리스인들은 왜 이 작품을 들려주고 들으며 살았던가? 그리고 오늘날 우리는 왜 이 작품을 고전의 반열에 올려놓고 읽고 있는 것일까?

그것은 이 작품이 바로 인간의 삶에 대해 근본적인 물음을 던지고 있기 때문이다. 〈일리아드〉의 주요 내용은 유한한 인간의 삶과 불완전한 인간의 성격이 가져오는 비극적 운명과 그에 맞서 삶을 살아내는 인간들의 이야기다. 작가는 이 이야기를 통해 삶의 가장 비참하고 어두운 모습과 가장 고귀하고 아름다운 모습을 함께 보여주면서 인간은 어떻게 살아야 하는가를 묻고 탐구하고 있다.

이야기 속에 등장하는 신과 자연과 전쟁은 인간의 삶의 배경이다. 인간의 삶의 조건이다. 그것은 때로는 인간의 삶에 우호적인 배경이었다가 한순간에 무자비할 정도로 적대적인 배경이 되는 등 몹시 변덕스럽다. 전쟁터는 삶의 불안정성이 너무 커 우연한 작은 사건이 삶과 죽음을 가르는 큰 변수가 될 수 있다. 따라서 전쟁터만큼 인간의 모든 모습이 적나라하게 드러나는 곳은 없다. 자신의 의지로 어찌할 수 없는 자연과 자신의 내면에서 불쑥 찾아오는 낯선 의식과 감정들, 이것을 신의 장난으로 설명할 수밖에 없었던 그리스인들, 그들의 신은 더 이상 신비와 신성을 나타내는 것이 아니다. 인간의 삶에서 이해할 수 없게 개입하는 우연을 설명하고 이해하는 이론적 패러다임일 뿐이다.

신비를 잃어버린 자연과 신성을 잃어버린 그리스의 신들이 인간의 삶에 개입하지만 인간의 삶의 주인공은 불완전하고 불안정한 자아, 고뇌하는 자기 자신이다. 〈일리아드〉의 영웅들은 무엇이 자신의 운명이고, 무엇이 자신의 선택인지 묻고는 주어진 운명 또는 선택하고 받아들인 운명, 그리고 그것에 대해 사랑과 책임을 지며 죽음의 길, 인생의 길을 간다. 그리고 그 흔들리며 나아가는 길에서 고귀한 인간성과 동물적 야만성을 함께 보여준다. 결국 나의 운명은, 그리고 나의 삶과 나의 정체성은 무엇인가? 무엇이 아름답고 고귀한 삶인가? 그것이 문제다.

대지 위에서 숨쉬고 기어 다니는 만물(萬物) 중에서도
진실로 인간보다 더 비참한 것은 없을 테니까.
(제17권, 제우스가 신들을 모아놓고 하는 말)

인간의 운명, 그 주어짐과 선택

〈일리아드〉에서 '죽게 마련인 인간'과 '불사의 신 또는 영
생하는 신'이란 표현이 자주 나온다. 고대 그리스인들은 지중
해의 해상무역과 전쟁을 통한 약탈 및 노예경제에 주로 의존
하면서 바다와 전쟁터가 주요한 삶의 무대였다. 그래서 늘 죽
음을 생각하는 것이 자연스러울 수 있었다. 불사의 신들과 달
리 죽을 수밖에 없는 유한한 생을 타고난 인간에게 신들의 장
난처럼 우연히 찾아온 고난과 역경은 바로 생사를 갈랐을 것
이다. 이렇게 죽음이 삶에 실감나게 더 가까이 다가와 있을수
록 "넌 왜 사느냐"고, "너의 정체성이 뭐냐"고 더 분명하게 자
신의 삶의 의미를 묻는 것이 인간이다. 그리고 그러한 물음과
고난 앞에 인간의 감정과 이성(지혜)은 흔들리지 않을 수 없다.
그러나 우리의 주인공인 영웅들은 그 흔들림 속에서도 자신의
길을 알고 있다. 그리고 그 선택에 따른 일련의 결과와 책임을
피할 수 없음도 알고 있다.

"인간들의 가문이란 나뭇잎의 그것과도 같은 것이오.
잎들도 어떤 것은 바람에 날리어 땅위에 흩어지나 봄이 와서

숲 속에 새싹이 돋으면 또 다른 잎들이 잘 나듯, 인간의 가문도
그와 같아서 어떤 것은 자라나고 어떤 것은 시들어지는 법이오."
(제6권, 힙폴로코스의 영광스러운 아들이 튀데우스에게)

"이상하시네, 제발 마음속으로 너무 슬퍼하지 마시오.
그 누구도 내 운명을 거슬러 나를 하데스에 보내지 못할 것이오.
하지만 운명은 겁쟁이든 용감한 사람이든
일단 태어난 이상은 인간들 가운데 아무도 피하지 못했소.
그러니 그대는 집에 돌아가 베를 잣든 실을 잣든
그대가 맡은 일을 보살피고, 시녀들에게도 일에 힘쓰도록
이르시오. 전쟁은 일리오스에 사는 모든 남자들,
그 중에서도 특히 내가 염려할 것이오."
(제6권, 헥토르가 아내 안드로마케에게)

아킬레스나 헥토르는 전사로 태어났다. 그들은 평범한 일
상을 살 사람으로 태어나지 않았다. 그들 자신도 그것을 알고
있다. 그래서 그들은 자신의 힘과 용기, 지혜를 전쟁터에서 발
휘할 수밖에 없다. 유한한 삶 속에서 걸어야 할 그들의 길, 그
들의 운명은 주어져 있고 잠시 머뭇거리고 갈등하긴 하지만
그들은 그것을 받아들이고 있다.

"아카이아인들의 아들들이 오기 전 그 옛날 평화로운 시절에

번화한 도시 일리오스가 갖고 있었다고 하는 모든 부도

바위투성이의 퓌토에 자리 잡고 있는 명궁 아폴론의

돌 문턱 안에 쌓여 있는 모든 보물들도 나에게는

결코 목숨만큼 소중하다고는 생각되지 않기 때문이오.

소 떼와 힘센 작은 가축 떼는 약탈해 올 수가 있고

세발솥과 말들의 밤색 머리는 사올 수가 있지만,

사람의 목숨은 한 번 이빨들의 울타리 밖으로 나가고 나면

약탈할 수도 구할 수도 없어 다시는 돌아오지 않는 법이오.

나의 어머니 은족(銀足)의 여신 테티스께서 내게 말씀하시기를,

두 가지 상반된 죽음의 운명이 나를 죽음의 종말로 인도할 것이

라고 하셨소.

내가 만약 이곳에 머물러 트로이인들의 도시를 포위한다면,

고향으로 돌아가는 길은 막힐 것이나 내 명성은 불멸할 것이오.

하나 내가 만약 사랑하는 고향 땅으로 돌아간다면

나의 높은 명성은 사라질 것이나 내 수명은 길어지고

죽음의 종말이 나를 일찍 찾아오지는 않을 것이오.

다른 사람들에게도 나는 배를 타고 고향으로 떠나라고

권하고 싶소."

(제9권, 아킬레스가 화해를 청하러 온 오디세우스에게)

"헥토르여, 그대는 좀처럼 충고를 받아들이지 않는 사람이오.

신이 그대에게 뛰어난 전쟁 재능을 내리신 까닭에,

그대는 계략에서 남들보다 지식이 뛰어나기를 바라고 있소.

하나 그대는 결코 모든 것을 한꺼번에 다 가질 수는 없을 것이오.

그 까닭은 신이 이 사람에게는 전쟁 재능을, 저 사람에게는

춤을, 또 다른 사람에게는 키타리스와 노래를 주셨기 때문이오.

또 어떤 사람에게는 목소리가 멀리 들리는 제우스께서 가슴속에

훌륭한 분별력을 넣어주셨소. 그래서 많은 사람들이 그 혜택을

보고 있소. 그는 많은 사람들을 구해 주었으나,

그것을 가장 잘 알고 있는 사람은 그 자신이오.”

(제13권, 포울리다마스가 대담한 헥토르에게 다가가서)

그런데 우리는 정말 이렇게 자신의 길을 잘 알고 있는 것일까? 어떻게 그것이 자신의 운명인지 알 수 있는 것일까? 혹시 〈일리아드〉의 영웅들은 자신의 운명에 속박당한 것은 아닐까? 의식적 자아에 속박당한 상태에서 자신의 더 풍부한 가능성을 보지 못하고 있다면 어떻게 할 것인가? 인간은 자신의 운명 앞에도, 자신의 길을 갈 때도 겸손해야 한다. 항상 다른 운명, 새로운 길을 받아들일 자세가 되어 있어야 하는 것이 아니겠는가?

알 수 없는 인간의 마음이 많은 것을 결정하다

인간의 마음은 정말 알 수 없다. 그토록 사나운 광기로 날뛰던 아킬레스는 자신을 찾아온 프리암을 만나자 그의 아픔과

슬픔을 이해하고 헥토르의 시신을 넘겨준다. 그것으로 〈일리아드〉의 이야기가 끝난다. 시작부터 이야기를 끌고 가는 주요 동력이었던 아킬레스의 분노가 끝났으니 당연한 것이다.

자신의 명예와 자존심을 짓밟는 아가멤논의 행위에 대한 분노가 이야기의 전반부를 가로지른다면 파트로클로스의 죽음으로 사랑하는 사람, 소중한 인간관계를 빼앗긴 분노는 이야기의 후반부를 가로지른다. 앞의 분노는 뒤이은 새로운 분노에 의해 누그러졌다고 하지만 뒤의 분노는 어떻게 누그러진 것일까? 어머니 테티스를 통해 제우스의 뜻을 전해 듣고 이를 순순히 받아들이는 것은 어떤 이유 때문인가? 그리고 프리암과 함께 실컷 울고 난 후 마음을 푼 것은 어떻게 이해해야 할까? 고귀하고 아름다운 행위를 통해 짧지만 불멸의 명성을 얻으려는 아킬레스의 욕망이 그를 분노의 감정에서 구원한 것일까?

노래하소서 여신이여, 펠레우스의 아들 아킬레스의 노여움을
아카이아인들에게 헤아릴 수 없는 고통을 가져다주었으며
영웅들의 수많은 굳센 혼백들을 하데스에게 보내고
그들 자신은 개들과 온갖 새들의 먹이가 되게 한
그 잔혹한 노여움을! 인간들의 왕인 아트레우스의 아들과
고귀한 아킬레스가 처음에 서로 다투고 갈라선
그날부터 이렇듯 제우스의 뜻은 이루어졌도다.
(제1권 첫머리 시작부분)

"자, 어서 명심해서 듣거라. 나는 제우스의 말씀을 전하러 왔다.

그분 말씀인즉, 네가 광기에 사로잡혀 헥토르를 부리처럼 휜 함선들 옆에

붙들어두고 돌려주지 않는 것을 신들이 못마땅해 하고,

모든 신들 중에서도 특히 그분께서 노여워하고 계신다고 한다.

자, 그러니 그를 내주고 시신의 몸값을 받도록 하여라."

그녀에게 준족 아킬레스가 이런 말로 대답했다.

"그렇게 하지요. 올림포스의 주인 자신이 진심에서 그렇게 말씀하셨다면,

누구든지 몸값을 가져오는 자가 시신을 가져가게 하세요."

(제24권, 테티스가 아킬레스에게 제우스의 뜻을 전하는 장면)

그리고 두 사람 다 생각에 잠겨, 프리암은 아킬레스의 발 앞에 쓰러져

남자를 죽이는 헥토르를 위하여 엉엉 울었고,

아킬레스는 그의 아버지를 위하여, 또 때로는 파트로클로스를 위하여

울었다. 그리하여 그들의 울음소리가 온 집안에 가득 찼다.

그러나 마침내 고귀한 아킬레스는 실컷 울어

울고 싶은 욕망이 그의 사지에서 떠나자

자리에서 벌떡 일어나 노인의 손을 잡고 일으켜 세우더니,

노인의 흰 머리와 흰 수염을 불쌍히 여겨

그를 향하여 이렇게 물 흐르듯 거침없이 말했다.

"아아 불쌍하신 분, 그대는 마음속으로 많은 불행을 참았소이다.

그대의 용감한 아들들을 수없이 죽인 사람의 눈앞으로

혼자서 감히 아카이아인들의 함선들을 찾아오시다니!

그대의 심장은 진정 무쇠로 만들어진 모양이구려.

자, 아무튼 의자에 앉으시오. 아무리 괴롭더라도

우리의 슬픔은 마음속에 누워 있도록 내버려둡시다.

싸늘한 통곡은 아무런 도움도 되지 않을 테니까요.

그렇게 신들은 비참한 인간들의 운명을 정해 놓으셨소.

괴로워하며 살아가도록 말이오. 하나 그분들 자신은 슬픔을 모

르지요."

(제24권, 프리암과 아킬레스가 만나는 장면)

인간의 고귀하고 아름다운 마음은 화해를 낳지만 어리석
은 마음은 불화를 낳는다. 인간에게 많은 고통을 가져다주는
다툼과 갈라섬은 어리석은 인간의 마음 때문이다. 아킬레스와
아가멤논의 불화는 교만한 마음에서 비롯된 과도한 권위의 행
사와 이에 대한 아킬레스의 분노로부터 시작되었다. 물론 그
이전에 트로이 전쟁 자체의 발단은 자신의 개인적 욕망을 위
해 주객관계, 이웃국가 간의 관례와 가족의 질서를 무시한 파
리스 왕자의 이기적인 마음에서 생겨났다. 더 거슬러 올라가
면 파리스는 불화의 여신 에리스가 던진 "최고 미인에게"라는

사과를 누구에게 줄 것인지를 심판하는 가운데 세 여신이 주는 선물의 선호에 따라 심판하는 어리석음을 범한다. 인간의 이기적 욕망이 전쟁의 뿌리인 셈이다. 이처럼 공동체 외부와의 불화는 전쟁을 낳고, 내부의 불화는 내부 구성원들 서로에게 상처를 낳고, 한 개인의 감정과 이성 사이의 불화는 그 개인의 비극을 낳는다. 관계의 조화와 균형을 깨뜨리는 것은 어리석은 마음, 즉 교만과 거만, 그리고 지나친 자존심과 이기심 등이다.

그런데 이러한 인간들의 어리석은 마음을 막는 중요한 장치 중 하나가 인내하는 마음이다. 참는 것이 중요하다. 절제는 인간의 미덕임을 호머는 여러 곳에서 강조한다.

이렇게 말하자 펠레우스의 아들에게는 슬픔이 닥쳤고,
그의 마음은 털복숭이 가슴속에서 망설였다.
넓적다리에서 날카로운 칼을 빼어 다른 사람들을 모두
쫓아버리고 그 자신은 아트레우스의 아들을 죽일 것인가,
아니면 분을 삭이고 마음을 억제할 것인가 하고
마음속으로 이런 일들을 곰곰이 생각하며 칼집에서
큰 칼을 빼고 있는 동안 하늘에서 아테나가 내려왔다.
(제1권 분노하는 아킬레스가 칼을 빼들 것인지 고민하는 장면)

"제우스께서 양육하신 메넬라오스여, 제정신이 아니로구나.

이런 정신 나간 짓을 해선 안 되지. 괴롭더라도
꾹 참고, 단순한 경쟁심에서 너보다 더 강한 전사와 싸우려
하지 말거라."
(제7권, 아가멤논이 헥토르와 싸우려는 메넬라오스에게 한 말)

"그러니 아킬레스여, 그대의 위대한 마음을 억제하시오.
그대는 결코 무자비한 마음을 가져서는 안 되오.
덕과 명예와 힘에서 더 위대한 신들의 마음도 돌릴 수가 있는
법이오.
그래서 어떤 사람이 죄를 짓거나 잘못을 저질렀을 때에는
분향과 경건한 서약과 제주(祭酒)와 고기 태우는 구수한 냄새
에 의하여
기도로 그분들의 마음을 돌릴 수가 있는 것이오.
사죄(謝罪)의 여신들은 위대한 제우스의 따님들이지만
절름발이고 주름살투성이고 두 눈은 사팔뜨기여서
미망(迷妄)의 여신 뒤를 열심히 따라다니는 것이 그들의 일이오.
그러나 미망의 여신은 힘이 세고 걸음이 빨라 사죄의 여신들을
크게 앞질러 온 대지 위를 다니며 인간들에게 해를 끼치지요.
그러면 사죄의 여신들이 이를 고치기 위하여 뒤따라가지요."
(제9권, 포이닉스 노인이 아킬레스에게 하는 말)

"그대의 부친 펠레우스께서 그대를 프티아에서

아가멤논에게 보내시던 날 신신당부를 했소이다.
'내 아들아, 힘은 아테나와 헤라가 그럴 마음만 있다면
네게 내려주실 것이다. 하나 너는 거만한 마음을 가슴속에서 억
누르도록 하여라.
상냥한 마음씨가 더 나은 법이니까."
(제9권, 오디세우스가 아킬레스를 설득하러 갔을 때 한 말)

어리석은 인간의 마음을 움직이고 충고하는 것은 주로 신들이다.
그런데 신도 자기 마음의 명령을 따른다. 결국은 무엇이 인간의
마음과 의지를 움직이는 것일까?

"모든 신들과 여신들은 내 말을 들으시오.
내 가슴속 마음이 명령하는 바를 말하고자 하오."
(제8권 올림포스에서 신들의 회의를 주관하던 제우스가 한 말)

비참한 운명, 죽음의 전쟁 속에서 삶의 고귀함을 찾다

호머는 전쟁에 대해 비교적 사실적 태도를 보인다. 그는
제2권에서 전쟁을 그만두고 귀향할 것을 주장하는 수다쟁이
테르시테스만을 등장시킨다. 비록 그를 볼품없는 외모로 묘사
하고 많은 사람들에게 비웃음당하며 오디세우스에게 반박당
하는 것으로 상황을 종료시켜, 이 이야기가 당시 그리스 귀족
계급의 가치관에 기반하고 있음을 보여주긴 하지만 당시 그리

스 귀족 계급의 위치에 있던 영웅들의 입장에서만 전쟁을 바라보고 있지 않는 사람들도 있었음을 알려준다.

다른 사람들은 모두 앉아서 자리를 지키고 있었으나,
수다쟁이 테르시테스만은 여전히 지껄이고 있었다.
그는 마음속에 무질서한 말들을 잔뜩 품고 있었고,
무엇이든 아르고스인들을 웃길 수 있다고 생각되면
질서를 무시하고 공연히 왕들과 시비하려 들었다.
그는 일리오스에 온 사람들 중에서 가장 못생긴 자로
안짱다리에다 한쪽 발을 절었고, 두 어깨는 굽어
가슴 쪽으로 오그라져 있었다. 그리고 어깨 위에는 원뿔 모양의
머리가 얹혀 있었고, 거기에 가는 머리털이 드문드문 나 있었다.
그는 누구보다도 아킬레스와 오디세우스의 미움을 샀는데
그가 이 두 사람을 늘 비난했기 때문이다. 그런데 이번에도
그가 꽥꽥거리며 고귀한 아가멤논에게 욕설을 퍼부어대자
아카이아인들은 그에게 몹시 분개했고 마음속으로 괘씸하게
여기고 있었다. 그는 큰소리로 아가멤논을 비난했다.
"아트레우스의 아들이여, 무엇이 모자라서 불만이시오?
그대의 막사들은 청동으로 가득 차 있고, 그대의 막사들에는
우리 아카이아인들이 도시를 함락할 적마다
고르고 골라 맨 먼저 그대에게 바친 여인들이 많이 있지 않소!
그대는 혹시 말을 길들이는 트로이인들 중에 누군가가

나나 다른 아카이아인이 사로잡아 온 아들의 몸값으로
일리오스에서 황금을 가져오기를 바라는 것이오?
아니면 그대 혼자서 붙들어놓고 사랑을 즐기기 위하여
젊은 여인을 원하는 것이오? 하나 아카이아인들의 아들들을 불
행으로 인도한다는 것은
그들의 지휘자 된 자에게는 어울리지 않는 일이오.
이 겁쟁이들이여, 못나고 수치스런 자들이여,
그대들은 아카이아의 계집들이지
이미 아카이아의 사나이들이 아니오. 자, 우리도 그에게 도움이
되는지 안 되는지 알도록, 저 양반은 이곳 트로이 땅에서
명예의 선물들이나 실컷 탐색하도록 내버려두고,
우리는 함선들을 타고 고향으로 떠나도록 합시다."
(제2권)

그는 '만인에게 공통인 전쟁', '눈물겨운 전쟁', '전쟁의
끔직한 일들', '고통을 가져다주는 전쟁의 큰 아가리를 만들
때와도 같이'(제10권, 돌론의 정탐) 등의 수사를 동원해서 전
쟁의 참상과 의미를 전달하려고 한다.

너에게는 잘못이 없다. 아카이아인들의 이 피눈물 나는 전쟁을
내게 보내준 신들에게 잘못이 있는 것이다.
(제3권, 프리암이 헬렌에게)

끔찍한 내전을 좋아하는 자야말로
친족도 없고 법률도 없고 가정도 없는 자요.
(제9권, 전차를 타고 싸우는 네스트로가)

모든 아카이아인들이 비참하게 죽느냐
아니면 사느냐 하는 문제가 면도날 위에 서 있기 때문이오.
(10권, 네스트로)

전쟁의 신은 공평하며 죽이려는 자를 죽이는 법이니까요.
(18권, 헥토르)

그는 전쟁의 참혹함과 비정함을 매우 적나라하게 묘사한
다. 누구의 무엇을 위한 전쟁인가를 분명하게 묻지는 않지만
가히 반전문학에 비길 만큼 전쟁의 참상을 잘 전달하고 있다.
특히 전투중에 벌어지는 거의 모든 싸움에 대해 구체적으로
창과 칼이 인간의 몸을 어떻게 뚫고 나가고 부수는지를 직설
적으로 묘사하고 있다. 인간의 목숨이 끊어지는 장면은 유난
히 적나라하게 그려진다.

그의 오른쪽 엉덩이를 치자, 창끝이 곧장 방광을 지나
치골 밑으로 뚫고 나왔다. 그래서 그는 비명을 지르며
무릎을 꿇으며 쓰러졌고 죽음이 그의 주위를 내리덮었다.

(중략)

이름난 창수인 필레우스의 아들이 가까이 다가가

날카로운 창으로 머리의 힘줄을 치자,

청동이 이빨 사이를 뚫고 나가며 혀뿌리를 잘랐다.

그래서 그는 차가운 청동을 이빨로 깨문 채 먼지 속에 쓰러졌

다.(제5권)

그러자 죽이는 자들과 죽는 자들의 신음소리와 환성이

동시에 울렸고, 대지에는 피가 내를 이루었다.(제8권)

전사들은 도륙되고, 도시는 불에 타 잿더미가 되고,

아이들과 허리띠를 깊숙이 맨 여인들은 이방인들에게

끌려가게 된다는 것을,

이런 비참한 이야기를 듣고 나서야 그의 마음은 움직이기 시작

했고, 그래서 그는 달려가 번쩍이는 무구들을 몸에 둘렀소.

그리하여 그는 자신의 마음에 복종하여

아이톨리아인들을 재앙에서 구해 주었소.

(제9권, 아킬레스를 설득하는 포이닉스 노인의 말 중에서)

가장 처참한 비인간적 상황에서 인간은 인간다울 수 있는

가? 인간은 이 아비규환의 전쟁터에서도 명분과 자존심과 명

예와 공평함 등을 찾는다. 그것으로 그는 인간이 된다.

"아카이아인들이 트로이인들의 번화한 도시를 함락할 적마다
나는 한 번도 그대와 동등한 선물을 받아보지 못했소.
치열한 전투의 노고를 더 많이 감당해 내는 것은 내 팔인데도
분배할 적이면 그대의 선물은 월등히 컸으며,
나는 지치도록 싸운 뒤
보잘것없는 물건을 소중히 간직하고는 함선들로 돌아가곤 했소.
하지만 이제는 프티아로 돌아가겠소.
부리처럼 휜 함선들을 타고
고향으로 돌아가는 편이 훨씬 낫겠소. 여기서 모욕을 받아가며
그대를 위하여 부와 재물을 퍼줄 생각은 추호도 없소이다."
(제1권, 분노하는 아킬레스의 말)

"사실 나는 그자가 하데스의 문만큼이나 밉소.
가슴속에 품고 있는 생각과 하는 말이 서로 다르기 때문이오.
(중략)
쉬지 않고 계속해서 적군과
싸워봤자 고맙게 여기지 않을 것이 뻔하니 말이오.
뒷전에 처져 있는 자나 용감한 자나 똑같은 명예를 누리고 있소.
일하지 않는 자나 열심히 일하는 자나 죽기는 매일반이오.
나는 언제나 목숨을 걸고 싸우느라고 마음속으로 고통을
당했지만, 그것이 내게 무슨 소용이 있었더란 말이오.

(중략)

하나 무엇 때문에 아르고스인들이 트로이인들과

싸워야만 했던가? 무엇 때문에 아트레우스의 아들은 백성들을

모아 이곳으로 데려왔던가? 머리결이 고운 헬렌 때문이

아니었던가? 그렇다면 죽게 마련인 인간들 중에 아트레우스의

아들들만이 아내를 사랑한단 말이오? 천만에, 착하고 분별 있는

사람이라면 누구나 제 아내를 사랑하고 아끼는 법이며, 나 역시

비록 창으로 노획한 여인이긴 하나 아내를 진심으로 사랑했소.

(중략)

(제9권, 아킬레스가 아가멤논의 화해사절을 맞아 하는 말)

저마다 높고 귀한 삶을 위하여

〈일리아드〉에는 그리스 도시국가들이 상업과 전쟁, 그리고 노예노동을 통해 번성하던 시대, 전쟁과 전쟁에 필요한 준비가 일상이던 시대에 살던 그리스 사람들의 삶의 경험에서 나온 인생관과 세계관이 녹아 있다. 그것은 우리네 삶의 유한성과 비극성을 이해하고, 그 속에서도 고귀함과 아름다움을 잃지 않는 것이 존경받을 만한 삶임을 이야기하고 있다. 고대 그리스인들은 그 고귀함과 아름다움이 인간이 갖춰야 할 미덕인 용기·지혜·절제·사랑과 충성 등에서 나오는 것으로 믿고 있었다. 이러한 삶의 지향은 우리의 삶을 더욱 고상하고 세련되고 풍요롭게 만든다.

그러나 고상함을 통한 아름다움은 귀족적이거나 엘리트적 가치 지향이다. 더구나 외적으로 드러나는 개인의 업적과 성취에 따르는 '불멸의 명성'을 추구하는 것은 더욱 그렇다. 이 가치를 가장 우위에 두면 고급스럽고 화려한, 또는 재능 있고 실력 있는 소수의 삶을 더욱 가치 있는 삶으로 긍정할 수밖에 없다. 고대 그리스에서 여자와 외국인(이방인), 그리고 노예들은 그러한 가치를 지향할 주체에서 아예 제외되었고, 평민들도 그러한 삶을 지향하기 쉽지 않았다.

〈일리아드〉의 영웅들과 백성들이 살았던 삶의 주요 무대는 회의와 경기장과 전쟁터다. 이곳에서 고대 그리스의 남자들은 자신의 능력을 펼치며 경쟁했다. 그 삶의 주요한 무대에 여자들과 이방인들과 노예는 주요 등장인물이 아니다. 오늘날 우리 시대의 주요한 삶의 무대는 시장, 텔레비전과 인터넷, 경기장, 회의장 등이다. 이곳에서 우리는 자신의 능력을 펼치며 경쟁해야 한다. 대부분의 경우, 이방인들과 남녀가 함께 관계를 맺고 경쟁한다. 시장터는 전쟁터만큼 살벌하지는 않지만 그에 못지않은 생존경쟁이 벌어진다. 그것이 우리 시대의 인간들이 함께 겪어야 할 '만인에게 공통인 전쟁'이다. 이 현대판 전쟁에서 승리한 영웅들이 있다. 성공한 기업가와 유명인사들, 대중 연예인들과 스포츠 영웅들이다. 그들은 고귀하고 아름답다. 그들의 성취와 업적, 그리고 성공담은 현대판 신화다. 고귀하지 못한 백성들은 어떻게 살아갈까?

　　부끄럼 없는 삶이나 님에 대한 사랑과 같은 것들이 인생에 더 중요한 사람들이 있다. '서시'의 윤동주와 '님의 침묵'을 쓴 한용운 같은 사람들이다. 암울한 시대, 힘겨운 삶의 상황에서 그들의 가치 지향은 삶의 건강성을 유지시키거나 회복시킨다. 권력과 부와 명예처럼 경쟁에서 승리한 소수만이 누릴 수 있는 것은 그들의 관심사가 아니다. '불멸의 명성'은 경쟁을 요구하고 그 경쟁에서 살아남기를 또는 승자가 되기를 요구한다. 그러나 내면의 순수함과 님에 대한 사랑은 소수만 이룰 수 있는 업적과 성취가 아니라 다수가 함께 도달할 수 있는 것이다. 그래서 그것은 개인주의적이거나 엘리트주의적이지 않다. 소박하고 순수한 삶은 다함께 누릴 수 있는 아름다운 삶이다. 물론 그 삶에도 삶의 열정과 숙고하는 지혜, 그리고 용기와 절제가 필요하다.

　　이처럼 각자가 자신의 운명을 산다는 것은 저마다 높고 귀한 것, 자기 나름의 아름다운 것을 추구하면서 갖가지 위험과 고난, 비극을 포함한 삶의 모험을 계속하는 것이다.

다음 글을 읽고 물음에 답하시오.

(가)

"아카이아인들의 아들들이 오기 전 그 옛날 평화로운 시절에
번화한 도시 일리오스가 갖고 있었다고 하는 모든 부도
바위투성이의 퓌토에 자리 잡고 있는 명궁 아폴론의
돌 문턱 안에 쌓여 있는 모든 보물들도 나에게는
결코 목숨만큼 소중하다고는 생각되지 않기 때문이오.
소 떼와 힘센 작은 가축 떼는 약탈해 올 수가 있고
세발솥과 말들의 밤색 머리는 사올 수가 있지만,
사람의 목숨은 한 번 이빨들의 울타리 밖으로 나가고 나면
약탈할 수도 구할 수도 없어 다시는 돌아오지 않는 법이오.
나의 어머니 은족(銀足)의 여신 테티스께서 내게 말씀하시기를,
두 가지 상반된 죽음의 운명이 나를 죽음의 종말로 인도할 것
이라고 하셨소.
내가 만약 이곳에 머물러 트로이인들의 도시를 포위한다면,
고향으로 돌아가는 길은 막힐 것이나 내 명성은 불멸할 것이오.

하나 내가 만약 사랑하는 고향 땅으로 돌아간다면
나의 높은 명성은 사라질 것이나 내 수명은 길어지고
죽음의 종말이 나를 일찍 찾아오지는 않을 것이오.
다른 사람들에게도 나는 배를 타고 고향으로 떠나라고
권하고 싶소."

— 호머의 〈일리아드〉 (제9권)

(나)

새와 짐승도 슬피 울고 바다와 산도 찡그리네.
무궁화 세계는 이미 사라지고 말았구나.
가을 등불 아래 책 덮고 千古를 생각하니,
인간 세상에 글 아는 사람 노릇하기 어렵기만 하구나.

鳥獸哀鳴海岳嚬 (조수애명해악빈)
槿花世界已沈淪 (근화세계이침륜)
秋燈掩卷懷千古 (추등엄권회천고)
難作人間識字人 (난작인간식자인)

— 황현 '절명시絶命詩', 고등학교 [문학]

(다)

　　나는 이모가 나를 흔들어 깨워서 눈을 떴다. 늦은 아침이
었다. 이모는 전보 한 통을 내게 건네주었다. 엎드려 누운 채

나는 전보를 펴보았다. 〈27일 회의 참석 필요, 급상경바람 영〉. 〈27일〉은 모레였고 〈영〉은 아내였다. 나는 아프도록 쑤시는 이마를 베개에 대었다. 나는 숨을 거칠게 쉬고 있었다. 나는 내 호흡을 진정시키려고 했다. 아내의 전보가 무진에 와서 내가 한 모든 행동과 사고(思考)를 내게 점점 명료하게 드러내 보여주었다. 모든 것이 선입관 때문이었다. 결국 아내의 전보는 그렇게 얘기하고 있었다. 나는 아니라고 고개를 저었다. 모든 것이, 흔히 여행자에게 주어지는 그 자유 때문이라고 아내의 전보는 말하고 있었다. 나는 아니라고 고개를 저었다. 모든 것이 세월에 의하여 내 마음속에서 잊혀질 수 있다고 전보는 말하고 있었다. 그러나 상처가 남는다고, 나는 고개를 저었다. 오랫동안 우리는 다투었다. 그래서 전보와 나는 타협안을 만들었다. 한 번만, 마지막으로 한 번만 이 무진을, 안개를, 외롭게 미쳐가는 것을, 유행가를, 술집여자의 자살을, 배반을, 무책임을 긍정하기로 하자. 마지막으로 한 번만이다. 꼭 한 번만, 그리고 나는 내게 주어진 한정된 책임 속에서만 살기로 약속한다. 전보여, 새끼손가락을 내밀어라. 나는 거기에 내 새끼손가락을 걸어서 약속한다. 우리는 약속했다.

그러나 나는 돌아서서 전보의 눈을 피하여 편지를 썼다. 〈갑자기 떠나게 되었습니다. 찾아가서 말로써 오늘 제가 먼저 가는 것을 알리고 싶었습니다만 대화란 항상 의외의 방향으로 나가버리기를 좋아하기 때문에 이렇게 글로써 알리는 것입니다. 간단히 쓰겠습니다. 사랑하고 있습니다. 왜냐하면 당신은 제 자신이기 때문에, 적어도 제가 어렴풋이나마 사랑하고 있는 옛날의 저의 모습이기 때문입니다. 저는 옛날의 저를 오늘의 저로 끌어놓기 위하여 있는 힘을 다할 작정입니다. 저를 믿어주십시오. 그리고 서울에서 준비가 되는 대로 소식 드리면 당신은 무진을 떠나서 제게 와주십시오. 우리는 아마 행복할 수 있을 것입니다.〉 쓰고 나서 나는 그 편지를 읽어봤다. 또 한 번 읽어봤다. 그리고 찢어버렸다.

(라)

노란 숲 속에 길이 두 갈래로 났었습니다.
나는 두 길을 다 가지 못하는 것을 안타깝게 생각하면서,
오랫동안 서서 한 길이 굽어 꺾여 내려간 데까지,
바라다볼 수 있는 데까지 멀리 바라다보았습니다.

그리고, 똑같이 아름다운 다른 길을 택했습니다.
그 길에는 풀이 더 있고 사람이 걸은 자취가 적어,
아마 더 걸어야 될 길이라고 나는 생각했었던 게지요.
그 길을 걸으므로, 그 길도 거의 같아질 것이지만.

그날 아침 두 길에는
낙엽을 밟은 자취는 없었습니다.

아, 나는 다음날을 위하여 한 길은 남겨두었습니다.
길은 길에 연하여 끝없으므로
내가 다시 돌아올 것을 의심하면서….

훗날에 훗날에 나는 어디선가
한숨을 쉬며 이야기할 것입니다.
숲 속에 두 갈래 길이 있었다고,
나는 사람이 적게 간 길을 택하였다고,
그리고 그것 때문에 모든 것이 달라졌다고.

— 프로스트 '가지 않는 길', 고등학교 [문학]

〈논제1〉　제시문 (가)와 (나), 그리고 (다)에는 고민하는 인간의 모습이 나타나
　　　　　있다. 글쓴이가 고민하고 있는 상황을 비교하여 설명하시오.

〈논제2〉　학생이 제시문 (가)와 (나), 그리고 (다) 중 한 상황에서 제시문(라)와
　　　　　같은 선택을 해야 한다고 할 때, 그 선택은 어떤 것인지 구체적으로 밝
　　　　　히고, 그렇게 선택한 이유를 논술하시오.

〔99대입〕 서울 시립대 논술고사

〈문제〉 다음의 〈제시문 1〉은 개인이 가질 수 있는 서로 다른 두 가지 삶의 태도를 보여준다. 〈제시문 2〉는 사회적 조건과 개인적 행복 사이의 관계를 통하여 어떤 삶의 태도가 개인의 행복에 진정으로 도움이 되는가를 논의한 글이다. 이 두 제시문을 모두 활용하여 삶에 대해 어떤 태도를 지니는 것이 바람직한가를 논술하시오. 단, 자신의 주장에 대하여 제기될 수 있는 반론과 그에 대한 대응을 논술에 포함하도록 하시오.

〈제시문 1〉

　우리는 등산객의 마음가짐을 두 가지로 나누어볼 수 있다. 어떤 이는 산에 오르면서 눈앞에 펼쳐지는 경치를 즐기기보다는 산을 정복하는 것을 중시한다. 어떤 이는 산의 정복보다는 그때그때의 경치를 즐기고 감상하는 것을 중시한다.

　삶에 대하여 전자의 태도를 지니는 이들은 많은 것을 성취하며 그로부터 행복을 느끼지만, 현재 주어진 것에 만족하는 기쁨을 누리지 못할 우려가 있다. 반면 후자의 태도를 지니는 이들은 현재 자신에게 주어진 것에서 만족을 얻지만, 자신의 환경을 더 나은 방향으로 개선하지 못할 우려가 있다. 물론 삶에 대한 이런 두 태도가 서로 모순된 것은 아니다. 그러나 이들 중 한 가지를 추구하다 보면 다른 하나를 어느 정도 희생할 수밖에 없을 것이다.

〈제시문 2〉

　　많은 사람들은 인류가 성취 지향의 태도를 통해 주변 상황을 개선한 결과 오늘날 지식, 과학, 기술, 문화의 발전을 이룩하였다고 생각한다. 그러나 이런 발전이 개인의 행복에 기여하였다고 주장한다. 왜냐하면 이들은 확장된 지식과 그에 따라 발전한 과학 기술이 개인에게 더 큰 만족을 준다고 보기 때문이다. 이렇게 주장하는 사람들은 현재에 만족하는 태도를 비판하게 마련이다. 이들은 현재에 만족하는 태도가 성취욕을 약화시켜 개인이 누릴 수 있는 더 큰 만족의 기회를 박탈한다고 보는 것이다.

　　한편 다른 사람들은 성취 지향적 태도가 갖는 맹점에 주목한다. 이들은 이런 태도가 만연하면 경쟁 사회가 초래되어 결국 개인들이 불행해진다고 생각한다. 또한 이들은 현재에 만족하는 사람들로 이루어진 사회에서는 경쟁보다 공존이 중시된다고 주장한다. 이러한 이유에서 현재에 만족하는 태도가 성취 지향적 태도보다 개인들의 행복을 증진하는 데 한층 더 기여한다고 보는 것이다.

다락원 명작노트 025

일리아드

펴낸이 정규도
펴낸곳 (주)다락원

초판 1쇄 인쇄 2007년 1월 29일
초판 2쇄 발행 2017년 9월 4일

책임편집 안창열, 김지영
디자인 손혜정, 박은진
번역 윤성옥
삽화 손창복

다락원 경기도 파주시 문발로 211
내용문의: (02)736-2031
구입문의: (02)736-2031(내선 250~252)
Fax: (02)732-2037
출판등록 1977년 9월 16일 제300-1977-23호

Copyright © 2012, 다락원

출판사의 허락 없이 이 책의 일부 또는 전부를
무단 복제·전재·발췌할 수 없습니다.
잘못된 책은 바꿔 드립니다

값 **8,500**원

ISBN   978-89-5995-140-6 43740

패턴 따라 쉽게 쓰는 틴틴 영어일기 1, 2

❶ 일상생활 패턴정복
❷ 학교생활 패턴정복

중학교에 다니는 여학생과 남학생이 각각 일상생활과 학교생활을 중심으로 1년간의 일을 쉽고 재미있게 쓴 영어일기. 중학생이라면 누구나 한번쯤 겪어봤을 만한 일들을 바탕으로 한 다양한 일기 소재와 어휘가 제공되어 있기 때문에, 영어일기를 통해 영작을 연습하려는 학습자에게 큰 도움이 될 수 있는 교재이다. 중·고생뿐만 아니라, 중학 영어를 미리 예습하려는 예비 중학생들에게도 아주 효과적인 영어 학습서로 강추!

□ 정미선 지음 / 4·6배 변형 / 192면
□ 정가 10,000원 (오디오 CD 1개 포함)

Teen Teen Diary (전3권)

❶ **매일 10단어로 뚝딱 중학생 영어일기**

중1 수준의 어휘와 문장으로, 영어일기와 일상회화에 대한 감각을 익힌다.

□ 정미선 지음 / 신국판 / 144면
□ 정가 7,500원 (테이프 1개 포함)

❷ **매일 5문장으로 술술 중학생 영어일기**

중2 수준의 어휘와 문장으로, 영어일기에 친숙해지고 자신감을 쌓는다.

□ 정미선 지음 / 신국판 / 152면
□ 정가 7,500원 (테이프 1개 포함)

❸ **매일 내맘대로 쓱싹 중학생 영어일기**

중3 수준의 어휘와 문장으로, 중학영어를 마스터하고 미국의 일상회화에 익숙해진다.

□ 정미선 지음 / 신국판 / 144면
□ 정가 7,500원 (테이프 1개 포함)

지니의 미국생활 영어일기 Hello! America (전2권)

❶ **가을학기** ❷ **봄학기**

어느 한국 여학생의 미국생활 이야기를 일기 형식으로 담은 책. 1권은 '가을학기', 2권은 '봄학기'편으로, 총 1년간의 미국 학교생활 및 일상생활에 관한 흥미로운 이야기들이 담겨 있다. 미국 학생들의 실생활을 바탕으로 한 탄탄한 스토리로 살아 있는 현지 영어와 미국문화를 체험할 수 있을 뿐만 아니라, 영어 독해 및 영작 연습을 할 수 있는 아주 유용한 교재이다.

□ 이지현 지음 / 국배판 변형 / 152면
□ 정가 8,500원

〈행복한 명작 읽기〉는 기초가 약한 영어 초급자나 초, 중, 고 학생들이 보다 즐겁고 효과적으로 명작들을 읽으며 독해력을 키울 수 있도록 개발된 독해력 증강 프로그램입니다.

책의 특징

1 골라 읽는 재미가 있다. 초보자를 위한 350단어 수준에서 중고급자를 위한 1,000단어 수준까지 5단계 구성.
2 단계별로 효과적인 영어 읽기 요령과 영문 고유의 참맛을 느낄 수 있는 장치가 곳곳에.
3 읽기만 해도 영어의 키가 쑥쑥 – 해석을 돕는 돼지꼬리(⌒), 영어표현 및 문법 설명, 퀴즈가 왕창.
4 체계적인 듣기 학습까지. 전문 미국 성우들의 생동감 넘치는 원음을 담은 오디오 CD 제공.

국판 | **Grade 1, 2, 3** 각권 6,000원
(오디오 CD 1개 포함)

Grade 4, 5 각권 7,000원
(오디오 CD 1개포함)

*어린왕자 8,000원
(오디오 CD 2개 포함)

**고도를 기다리며 9,000원
(오디오 CD 2개 포함)

✄ 왕초보 기초다지기 ✄

쉬운 영문을 통해 영어 독해에 대한 막연한 두려움을 없앤다.

Grade 1 — Beginner — 350 words

1 미녀와 야수
2 인어공주
3 크리스마스 이야기
4 성냥팔이 소녀 외
5 성경 이야기 1
6 신데렐라
7 정글북
8 하이디
9 아라비안 나이트
10 톰 아저씨의 오두막

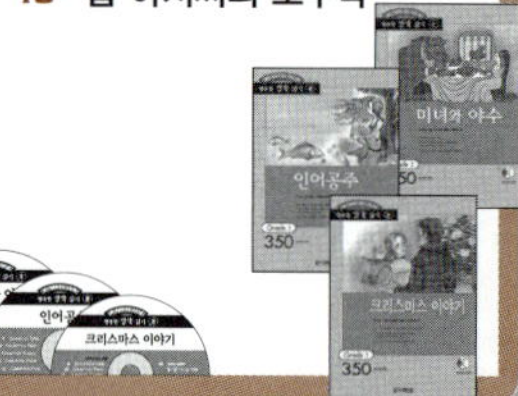

Grade 2 — Elementary — 450 words

11 이솝 이야기
12 큰 바위 얼굴
13 빨간머리 앤
14 플랜더스의 개
15 키다리 아저씨
16 성경 이야기 2
17 피터팬
18 행복한 왕자 외
19 몽테크리스토 백작
20 별 | 마지막 수업

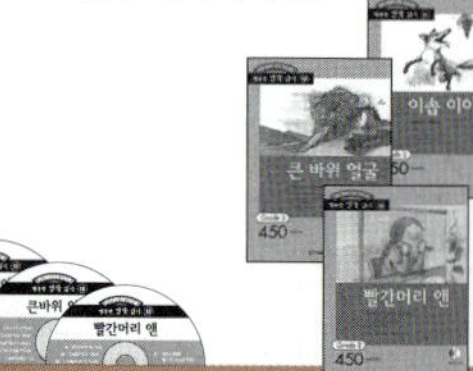

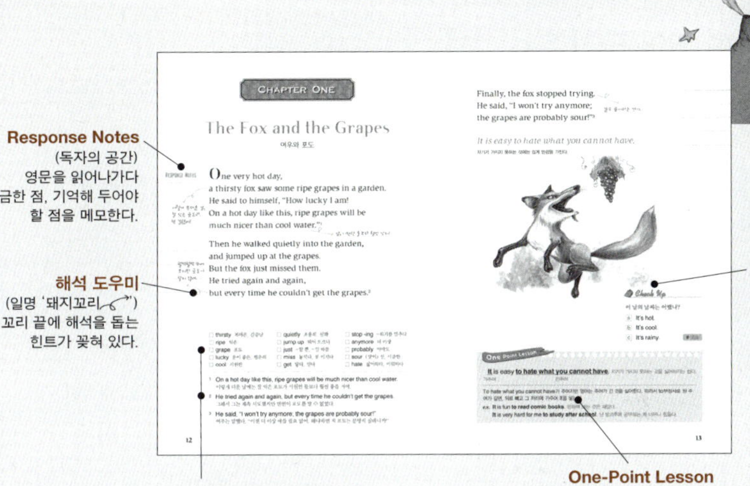

Response Notes
(독자의 공간)
영문을 읽어나가다
궁금한 점, 기억해 두어야
할 점을 메모한다.

해석 도우미
(일명 '돼지꼬리')
꼬리 끝에 해석을 돕는
힌트가 꽂혀 있다.

Check-Up
내용 파악이
잘 되었는지 확인.

One-Point Lesson
주요 문법사항이나 표현에
대한 심층 분석 코너.

주요 어휘 및 문장 해석

＋ 실력 굳히기 ＋

실력에 맞게 효과적으로 끊어 읽으며 직독직해 훈련을 한다.

★ 영어의 맛 ★
제대로 느끼기

영문판 원서 도전을 위한
전 단계의 준비과정이다.

Grade 3 Pre-intermediate

600 words

Grade 4 intermediate

800 words

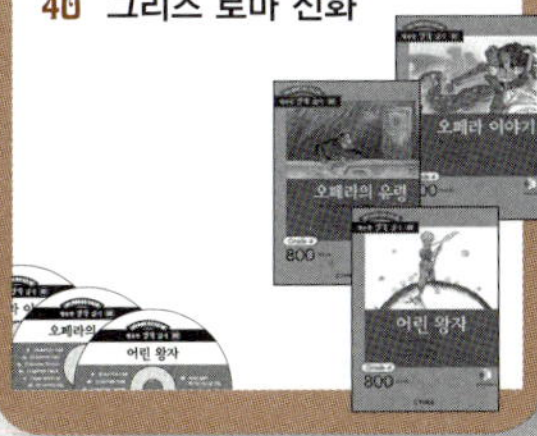

Grade 5 Upper-intermediate

1000 words

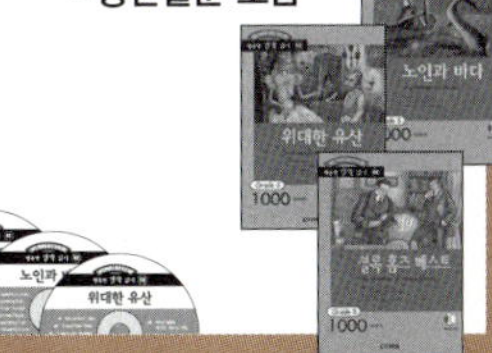

콕콕 찍어 들려주는 명작 리스닝 시리즈 [전20권]

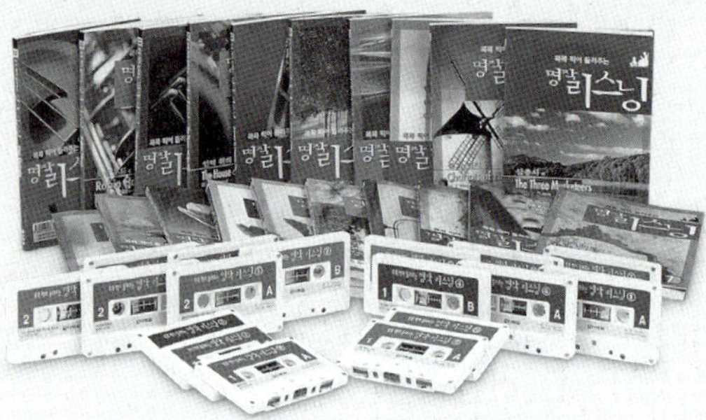

세계 명작소설을 쉽게 고쳐 쓴 중·고생용 학습 교재. 독해와 함께 청취력 향상을 위해 전 내용을 녹음하고, 매 페이지에 리스닝 포인트를 두어 한국인이 듣기 어려운 부분은 또박또박한 발음으로 반복해 들려준다. 권말에는 영어듣기 테스트를 수록해, 입시에서 점점 비중이 높아지는 듣기시험에 대비하도록 했다.

□ 각 권 4·6판／140면 내외
□ 정가: 각 권 5,800원 (테이프 2개 포함)

① 이상한 나라의 앨리스 / 백설공주와 일곱 난쟁이
Alice's Adventures in Wonderland /
Snow White and the Seven Dwarfs

② 이솝 우화
Aesop Fables

③ 그림 동화집 / 잭과 콩나무
Grimms Fairy Tales / Jack and the Beanstalk

④ 재미있는 이야기 / 미녀와 야수
Famous Stories / Beauty and the Beast

⑤ 알라딘과 요술램프 / 이른 아침의 살인
Aladdin and the Magic Lamp / Dead in the Morning

⑥ 오즈의 마법사 / 흑마 이야기
The Wonderful Wizard of Oz / Black Beauty

⑦ 걸리버 여행기 / 쉽게 번 돈
Gulliver's Travels / Fast Money

⑧ 거울 속의 앨리스 / 정원
Through the Looking Glass / The Garden

⑨ 피터 팬
Peter Pan

⑩ 큰 바위 얼굴 / 크리스마스 선물 /
알리바바와 40인의 도적들
The Great Stone Face / The Christmas Present /
Ali Baba and the Forty Thieves

⑪ 돈키호테 / 헨리 포드 이야기
Don Quixote / Tin Lizzie

⑫ 로빈 후드 / 어느 병사의 죽음
Robin Hood / Death of a Soldier

⑬ 신문 배달 소년 / 긴 터널 / 몰리의 순례자
Newspaper Boy / The Long Tunnel / Molly Pilgrim

⑭ 언덕 위의 집 / 헤라클레스
The House on the Hill / Hercules

⑮ 우주 도시로의 여행 / 요술 정원
Journey to Universe City / The Magic Garden

⑯ 마르코 폴로 / 크리스토퍼 콜럼버스 /
올리버 트위스트
Marco Polo / Christopher Columbus / Oliver Twist

⑰ 삼총사 / 레슬러
The Three Musketeers / The Wrestler

⑱ 불의 전차
Chariots of Fire

⑲ 런던 경시청 이야기 / 아서 왕
The Story of Scotland Yard / King Arthur

⑳ 도난당한 편지 / 붉은 머리 사교회 /
트래버스 씨의 첫사냥
The Stolen Letter / The Society of Red-Headed
Men / Mr. Travers First hunt